GASTON

TOURNIER

Mémoires

d'un

Jeune Ouvrier

Mémoires
d'un jeune Ouvrier

Il a été tiré de cet ouvrage, sur papier des Manufactures impériales du Japon, dix exemplaires numérotés à la presse.

GASTON TOURNIER

Mémoires

d'un jeune Ouvrier

MAZAMET

BUREAUX DE L'ASSOCIATION PROTESTANTE DE JEUNES GENS

1906

A mon camarade

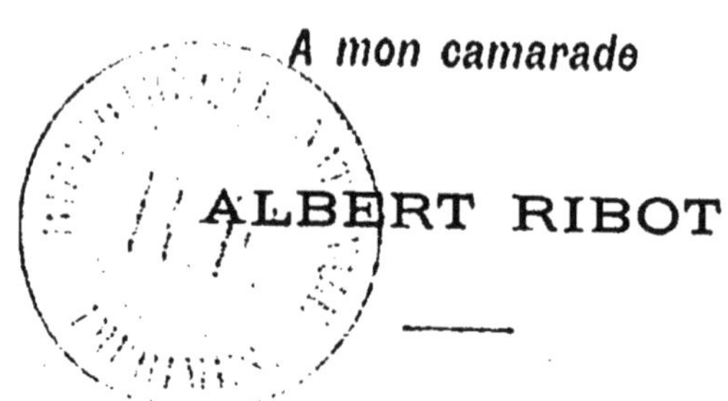

ALBERT RIBOT

A la jeunesse ouvrière de Mazamet

Mémoires d'un jeune Ouvrier

I

Je suis né à Mazamet, le 16 mars 1878.

Mon nom : Puech Élie.

J'ai vu le jour dans une petite maison ouvrière du faubourg de Monplaisir-Bas; nous occupions le premier étage d'une habitation modeste et petite, mais égayée, du côté de la rue, par un joli treillage de vigne, et du côté du jardin, par des grands figuiers, tout cela formant une végétation qui faisait quelque peu rêver des paysages de la Palestine.

Dans ma première enfance, ma famille se composait de mon père, contremaître dans un *pelage* de la gorge; de ma mère, qui s'occupait à la maison du ménage et de travaux de couture; de ma grand'mère paternelle, âgée et presque aveugle, et enfin de mes deux sœurs : Marie, mon aînée de deux ans, et Berthe, plus jeune que moi de deux ans aussi.

Le grand écrivain allemand, Schiller, a dit : « Tout homme, à un certain moment de la vie, cherche à se rebercer dans ses premiers printemps. » Il est doux, en effet, à plusieurs années d'intervalle, de songer à ces heureuses années d'enfance qui ne reviendront plus; je ne veux pas retracer ici les premiers vagabondages d'un enfant errant et délaissé quelque peu pendant les longues heures des journées d'été; cela n'offre aucun intérêt, mais je puis rappeler mes premières années d'école. Dès l'âge de six ans, je dus prendre régulièrement l'habitude, quoi qu'il m'en coûtât, de me rendre deux fois par jour à l'école la plus voisine, celle de *La Resse,* dont je vois encore la classe, au fond de la cour ombragée par de grands platanes, et dominant la rue voisine; comme il est loin, ce temps-là, et comme il me paraît maintenant qu'il ait vite passé; je restai cinq ans à cette école, juste le temps d'y préparer le certificat d'études que je passai, avec succès je dois le dire, en juillet 1889, à l'école du *Gravas,* centre de ralliement de tous les candidats; j'étais alors âgé de onze ans, et, muni de mon premier diplôme, je n'étais pas loin de me croire déjà un homme, et un homme accompli.

Je quittai l'école de *La Resse* pour entrer à l'école supérieure, appelée à ce moment *École professionnelle,* d'un nom beaucoup plus court et significatif que celui sous lequel elle est désignée aujourd'hui; là, tout en continuant les études élémentaires, je m'initiai aux premiers travaux manuels, tantôt sur le bois, tantôt sur le fer; ce ne fut que dès la seconde année que, s'étant aperçu de mes préférences, mes maîtres, après m'avoir consulté sur mes goûts, me mirent uniquement aux travaux de serrurerie; j'appris à dresser le fer, à le briser, à faire des équerres, bref, ce fut à partir de ce moment que je commençai à me trouver des dispositions pour un métier, et puisque je voyais s'avancer l'âge qui devrait fixer ma carrière, je pris à peu près résolument la décision de me consacrer plus tard à la mécanique.

Mon enfance a été parmi les plus heureuses; sans être riches, mes parents étaient, comme on dit ici, assez à leur aise; mes deux sœurs allaient à l'école, mon père, rangé et assez sérieux, veillait avec soin sur sa famille et passait pour un bon mari; ma mère, sans nous gâter, nous élevait bien; ma grand'mère était la seule, dans la maison, qui nous accordât quelques gâteries. Venue de Saint-Amans, où elle avait encore quelques-uns de ses enfants, elle avait suivi mon père, l'aîné de tous, et vivait dans notre intérieur depuis quelques années déjà. Veuve d'assez bonne heure, infirme et presque aveugle avant d'avoir atteint la pleine vieillesse, elle avait traversé de pénibles moments, lorsqu'elle se vit à charge à des enfants souvent peu endurants; il lui arrivait quelquefois, je l'ai appris depuis, de se plaindre doucement du triste sort réservé à une aïeule inutile : « Mon Dieu ! mon Dieu ! quand on est si pauvre et si *patraque,* qu'il est triste de vivre si longtemps ! » Ma mère, bonne, malgré sa sévérité, et soucieuse du bon renom de la famille, s'offrit à prendre grand'mère chez nous, en obtenant une petite pension de ses beaux-frères. Depuis lors tout changea pour la bonne femme, je puis le dire à la louange de mes parents, puisque c'est la vérité; nous l'aimions et nous la vénérions, et elle-même tâchait par tous les moyens de nous montrer sa reconnaissance. Ce qu'elle appréciait par-dessus tout, c'étaient les égards qu'on avait pour elle; à table, nous commencions toujours par la servir; en entrant, en sortant, toujours on la faisait passer la première; demandait-elle un service, mes sœurs ou moi, stylés par nos parents, nous empressions d'accourir. — « En vérité, vous êtes trop bons pour moi, disait-elle, je serais une grande dame qu'on ne pourrait pas mieux me traiter. — Comme de juste, grand'mère, répliquait ma mère; pourquoi des ouvriers auraient-ils moins de cœur que les riches? Au contraire, ils devraient encore mieux soigner leurs vieux parents, qui ont tant peiné pour les élever. »

Ma grand'mère était très pieuse; à Saint-Amans, dans sa jeunesse, elle avait été témoin d'un *réveil,* et, depuis lors, disait-elle, elle était devenue *enfant de Dieu,* sans qu'aucune épreuve, aucune faiblesse, aucune lassitude aient affaibli un seul jour cette foi candide et profonde; à la maison, elle ne se contentait pas de nos pasteurs et, à vrai dire, n'allait même jamais les entendre; elle recevait assez fréquemment les visites du pasteur de la chapelle, de quelques femmes âgées, de quelques officiers ou demoiselles salutistes, qui, tous, priaient avec elle, avant de la quitter; je tâchais, moi-même, d'esquiver ces visiteurs et de ne pas assister à leurs prières, mais cela n'était pas toujours possible; je l'avoue honteusement aujourd'hui, le spectacle de la foi profonde de ma grand'mère, si édifiant, amenait le sourire sur mes lèvres, et je comprenais difficilement ce qu'avaient de si attrayant la Bible, les cantiques et les prières; les cantiques pourtant me faisaient une certaine impression; ces chants simples et doux, entonnés par de toutes jeunes salutistes, avaient fini par se graver dans ma mémoire; j'avais dans un coin une vieille flûte, héritage paternel, et mes premiers essais musicaux sur l'instrument furent justement ces hymnes que, plus tard dans la vie, je devais retrouver avec une si grande joie; dès qu'elle eut découvert mon talent, ma grand'mère me demandait souvent de lui jouer ses chants préférés : *Tel que je suis, Toi dont l'âme est tourmentée, Il est un roc séculaire,* etc., et je m'empressais de la satisfaire; elle en avait les larmes aux yeux.

De mes années à l'*École professionnelle,* je n'ai rien de saillant à dire ici, si ce n'est que c'est là que je rencontrai la première fois mon cher et dévoué ami, Philippe Avérous, devenu dès lors mon intime, et de plus en plus la moitié de moi-même.

Philippe avait juste mon âge, mais son enfance n'avait guère de ressemblance avec la mienne; rangé et sérieux, il était fils d'un alcoolique invétéré qui travaillait tout au plus deux jours par semaine; il était l'aîné de ses nombreux frères et sœurs, et par conséquent seul soutien de sa mère; l'épreuve l'avait mûri et développé avant l'âge; écœuré par l'exemple paternel, il ne buvait même pas de vin, l'odeur d'une absinthe, en passant sur le *Cours,* lui faisait lever le cœur; il aimait sa mère pour sa conduite de bonne ménagère martyre, il méprisait, autant que faire se peut, son père pour le désordre, la gêne, la déconsidération qu'il apportait chez lui.

Si rangé déjà, il promettait de faire un ouvrier sérieux, et mes parents virent avec plaisir l'amitié qui commençait à nous unir. Philippe quitta l'école un an avant moi et se plaça comme apprenti serrurier dans une des principales *boîtes* de la ville; il avait douze ans et travaillait déjà comme un petit homme; il était bien là pour apprendre, mais comment lui enseignait-on? Ce n'était pas un apprenti que s'était adjoint son patron, c'était un commissionnaire dont on utilisait la force naissante à conduire ou à porter de lourds fardeaux et qui perdait en courses la plus grande partie de ses journées; Philippe était un débrouillard; tant bien que mal, entre deux sorties, il apprenait à river une pièce ou à l'ajuster, mais combien d'autres à sa place, moins intelligents, ne seraient jamais restés qu'ouvriers de second ordre, aptes seulement aux besognes toutes faites.

Ce fut à Philippe que je m'ouvris, au sujet de ma carrière, lorsque mes maîtres m'eurent découvert quelques dispositions pour la métallurgie.

— « Tu as raison, si tu choisis ce métier, me répondit-il; moi aussi j'ai eu cette idée et je ne m'en plains pas; mon père est maçon, mais je n'ai pas de goût à travailler avec lui, à remuer des pierres et à gâcher du mortier. Ce qui me plaît c'est d'ouvrager le métal, le fer, l'acier; on peut fabriquer tant de choses avec les métaux : des chaudières, des machines, des locomotives. Vois, quand le train passe, toutes ces roues, tous ces pistons, ces sifflets, ces chaudières qui ont l'air de vivre, de parler, de s'agiter; le métal est brillant et docile, il obéit au mécanicien avec plus d'intelligence qu'un chien ou qu'un cheval; il me semble qu'on doit être heureux quand on a fait sortir de ses doigts une pareille machine.

« Ce n'est pas tout, continuait Philippe, je me défiais de mon emballement, et avant de me décider, je voulus consulter sur mon avenir M. Schlumberger (c'était le président d'un cercle de jeunes gens dont Philippe faisait partie depuis son enfance), et il me donna d'excellents conseils que je vais tâcher de te résumer : En premier lieu, me dit-il, il faut se décider pour un métier qui soit d'un usage courant; sur deux cent dix-neuf professions d'une pratique autrefois habituelle, signalées par le ministre du commerce, cent dix forment encore des apprentis, dix-sept n'en forment plus et quatre-vingt-douze émettent, au sujet de l'apprentissage, des avis contradictoires suivant la région.

« Ce dont il faut se défier dans sa jeunesse, car on en subit les conséquences plus tard, c'est, dans le choix d'une carrière, de ne se laisser guider que par l'amour du panache; combien qui rêvent d'être fonctionnaires, employés d'administration, ou porteurs d'un uniforme quelconque; or, une chose à laquelle personne ne réfléchit, c'est que ces carrières si enviées et si attrayantes cachent de grandes déceptions; un employé de chemin de fer, avant d'être nommé homme d'équipe, a dû travailler en régie pendant deux ou trois ans avec un salaire moyen de deux francs cinquante, deux francs soixante-quinze, trois francs au maximum dans les plus grandes gares; une fois commissionné, il a un traitement fixe de onze cents francs par an; au bout d'un an, il atteint onze cent cinquante francs, mais ce chiffre est définitif pour ceux qui ne montent pas en grade; s'il est nommé chef d'équipe, sous-chef de manœuvre ou de manutention, il pourra atteindre un traitement de quatorze cents à quinze cents francs, ou, dans des cas tout à fait exceptionnels, dix-huit cents francs par an; cela fait un salaire maximum de cinq francs par jour; n'est-ce pas une rémunération inférieure à celle de la plupart des usines dans les grandes villes? Un gendarme gagne environ trois francs par jour; un facteur six cent cinquante francs par an, soit trente-cinq sous par jour, et même, avec l'appoint des étrennes, la remise sur les timbres et quelques petits bénéfices, cela lui fait moins qu'un manœuvre. Il y a, il est vrai, l'espoir de la retraite pour les vieux jours, mais cette compensation même est peu de chose.

« Donc, pas d'amour du panache, mais un métier sérieux et plein d'avenir; il est vrai qu'il faut également tenir compte d'en choisir un qui corresponde aux forces physiques de l'apprenti; c'est une erreur de croire que l'habitude de se servir d'un organe le forme et le développe à volonté; les professions de forgeron, de charpentier, de maçon exigent un effort de muscles dont certains apprentis ne deviendront coutumiers qu'au préjudice de leur santé.

« Une nouvelle profession semble appelée à un bel avenir, celle d'ouvrier mécanicien; elle comprend des degrés nombreux dont chacun permet une activité, une habileté, une intelligence de valeurs différentes. Elle correspond de plus à une facilité très grande de s'adapter aux besoins de la campagne et à ceux de la ville, l'emploi du machinisme ayant pénétré l'agriculture, l'industrie, la locomotion sous toutes ses formes, et développé l'industrie des métaux.

« En résumé, conclut M. Schlumberger, je ne vois donc que deux sortes de carrières qui soient à rechercher : la métallurgie, la mécanique.

« Tu comprends qu'après cela, poursuivit Philippe, je n'avais plus à hésiter ; ces conseils concordaient trop avec mes désirs pour que je reculasse le moment de me lancer dans mon nouveau métier. »

A mon tour je fus convaincu ; j'étais décidé désormais à prendre le même métier que Philippe, et, plein de cette résolution, j'attendis de pied ferme le moment où mes parents parleraient de me retirer de l'école.

Je n'eus pas trop à languir : en juillet de l'année suivante (1892), après trois ans d'études à Bertalaï, j'arrivais à la maison, et, avant que j'eusse déposé mon sac, mon père m'interpella comme suit :

— « Fils, tu as maintenant quatorze ans, tu ne retourneras plus à l'école ; dis-moi tes goûts ; pour moi, j'aimerais te faire apprendre un métier, d'abord parce que lorsqu'on sait un métier, on devient un homme solide, ensuite, parce que si tu es intelligent et laborieux, tu pourras te faire une position et celles qu'on se fait à soi-même sont bonnes et durables. »

J'étais trop heureux de me trouver si vite d'accord avec mon père, et je lui dis aussitôt combien j'approuvais ce qu'il avait dit, mon désir étant d'apprendre la serrurerie au plus tôt chez un patron, car déjà, à l'école, je m'étais poussé de ce côté-là, etc.

Mais aussitôt des protestations s'élevèrent de la part des femmes de la famille, ma mère et ma grand'mère, prétendant que je ne pouvais être autre chose qu'un employé, que ma santé n'était pas assez robuste pour les gros travaux ; bref, elles en dirent tant que mon père s'impatienta et se fâcha, disant qu'il me laissait libre, mais que ce serait malheureux n'ayant qu'un seul fils, de le voir godelurer tout le jour, de petits sacs d'échantillons à la main, avec de hauts faux-cols et des cheveux parfumés collés aux tempes; il ne rencontrait que de ces petits crevés tous les matins et n'avait nulle envie de voir son fils vivre d'une manière équivoque, faisant des dettes et prenant des habitudes de paresse.

Sur un mot de ma mère, disant que cela n'était pas la peine de m'avoir fait faire des études pour devenir ouvrier, il éclata :

— « Comment, l'instruction ne sert donc pas à l'ouvrier ? Franchement, femme, tu n'es pas raisonnable ; faire un saute-ruisseau du petit, parce que, dans la mécanique, on est noir ! Tu veux donc, quand il sera grand, qu'il crève de faim ; il lui faut un métier manuel, avec ça on a toujours du pain au bout des bras. Élie sera mécanicien, puisqu'il le désire; que le diable me brûle si jamais il devient une marionnette à paperasses. »

Et l'incident fut clos; j'allai embrasser ma mère qui avait le cœur un peu gros, et il fut décidé, séance tenante, que, le dimanche suivant, mon père me conduirait chez le plus important des mécaniciens-constructeurs de la ville, qui occupait une vingtaine d'ouvriers et d'apprentis, parmi lesquels mon camarade Avérous; j'avais quatorze ans, je serais donc ouvrier à seize ans; je ne me tenais pas de joie de voir enfin mon horizon s'éclaircir et de quitter les bancs de l'école.

*
* *

Priver le fils d'apprentissage
C'est le livrer au brigandage.

Ce vieux dicton qui me revient à la mémoire longtemps après le trait que je viens de retracer, me suggère ici, après une certaine expérience, quelques réflexions qui seront utiles à mes camarades débutants ou à leurs parents :

Il est indispensable que le garçon fasse un apprentissage dans les règles, chez un patron consciencieux et capable. Que de jeunes gens qui ne veulent plus aujourd'hui faire d'apprentissage ou se spécialiser dans une profession bien définie ! J'ai entendu dire à un patron : « Dans un personnel de quatre cents ouvriers, j'ai beaucoup de peine à trouver quelques jeunes gens capables d'apprendre le métier d'ajusteur; ils ne sont pas susceptibles de la plus petite initiative; la plus légère responsabilité est encore trop lourde pour eux; ils préfèrent pousser une brouette dans l'usine que de faire un travail demandant un peu d'intelligence et de soin. » Cela est absolument vrai ; quand ceux-là arrivent à un certain âge, ils trouvent difficilement de l'ouvrage et sont souvent malheureux, tandis que ceux qui connaissent bien un métier peuvent rendre des services partout et se procurer aisément du travail.

Il est bien certain qu'un jeune ouvrier commet parfois des gaffes qu'éviterait un ouvrier expérimenté, mais le jeune ouvrier n'est pas imbu de vieux procédés, il apprend des méthodes nouvelles, il veut parvenir, il veut s'enrichir, en un mot, il veut arriver coûte que coûte ; aussi, dans plus d'un cas, le jeune homme doit-il couronner son instruction professionnelle par un voyage, un stage dans des ateliers importants, l'étude d'une branche spéciale, voire même par une visite à une exposition industrielle ; l'apprenti intelligent doit devenir un ouvrier distingué ; notre siècle n'a que faire d'ouvriers médiocres.

Une autre considération à envisager concernant l'apprenti est son éducation morale ; s'il n'a pas de caractère, il ne sera jamais, malgré son habileté, qu'un sujet manqué ; au bon vieux temps, le garçon était nourri, logé et blanchi par son patron et semblait faire partie de sa famille ; aujourd'hui, sa tâche terminée, il est libre comme l'air, et s'il a quelque argent en poche, peut courir tout à son aise ; c'est alors la dégringolade habituelle, la perte du respect des parents, de la famille, de la religion, de la morale, de soi-même ; ce sont les rencontres avec les grands, les coudoiements brusques, les ordres brefs dans lesquels il n'y a pas d'affection, la brutalité des conversations où il y a de tout, bien et mal, renseignements concis et impitoyables sur les hommes et les choses, qui font travailler les jeunes têtes, et dont le pêle-mêle forcé est si difficile à coordonner dans un jugement d'enfant.

La forme de notre industrie moderne, son développement, les ateliers et les usines colossales, les grandes sociétés anonymes, l'éloignement progressif des patrons et des ouvriers, autrefois collaborateurs, tout cela contribue à rendre la situation de cette jeunesse des ateliers aussi difficile qu'intéressante.

A Mazamet, du moins, il faut bien le dire, ces inconvénients de la grande industrie, dont j'ai été témoin dans le Nord, n'existent pour ainsi dire pas; les ouvriers se connaissent tous entre eux, les patrons sont plus familiers, plus travailleurs et mieux estimés; beaucoup d'entre eux (je parle des mécaniciens) ont commencé humblement; par suite, leur capacité professionnelle est acquise et la considération des ouvriers également.

*
* *

J'entrai chez mon patron un beau lundi d'été; ce jour-là, ma mère me tira du lit avant cinq heures, et, malgré le soleil éclatant, il me sembla que je partais tout engourdi de sommeil; ce lever matinal me fut désagréable pendant quelques semaines, et encore étions-nous en été; je m'y habituai vite, néanmoins, et depuis lors j'ai eu, pour me lever tard, aussi peu de goût que j'en avais eu auparavant pour raccourcir mon sommeil.

A mon entrée dans l'atelier, j'aurais été assez ahuri, malgré le bon geste encourageant de Philippe qui limait au loin et m'avait aperçu, si je n'avais trouvé un sûr appui auprès d'un camarade de mon père, un vieil homme surnommé *Lou Furat* et qui me prit aussitôt en affection; il me fit visiter toute la boîte, puis me plaça à un étau, me donnant à limer je ne sais quelle pièce, me laissant ce conseil plein de bon sens : « Hardi, petit, place-toi devant, la jambe gauche en avant, et quand tu auras à dresser la pièce, croise les traits de ta lime en la poussant bien droit ! C'est à ce coup de lime bien donné que l'on reconnaît tout de suite le bon ajusteur. »

Pendant que je m'escrimais honnêtement ainsi, le patron fit sa tournée; il me regarda faire et ne me dit rien, il passa à celui qui se servait de la meule pour y affûter ses burins et lui laissa une brève observation : « Ne rayez donc pas la meule ainsi, usez-la plus également. »

Mon brave protecteur vint me retrouver un instant après; plein d'importance, il me donnait de bons conseils :

— « Tâche seulement d'avoir l'œil clair et de rester calme; si on te fait une malice drôle, ris-en le premier, pour qu'on ne te trouve pas mauvais caractère; si on t'attaque, tu as des poings, n'est-ce pas? Si tu es embarrassé, aucun ouvrier ne te refusera un bon conseil.

— Tant mieux, répliquai-je, mais c'est triste s'il y a des camarades dont il faut se défier.

— C'est la vie, ça, petit ; tu apprends cela plus tôt que tu ne l'aurais fait en restant près de ta mère ; mais tu l'aurais vu plus tard. »

J'avais avisé deux grands garçons qui m'épiaient depuis un moment en rigolant ; en passant, l'un d'eux me bouscula et lâcha le morceau qu'il tenait à la main ; il crut me faire un gros affront en m'insultant : « Eh ! va donc, rapointi de ferraille ! » (Le rapointi est une broche faite avec le déchet de fer.) Ce terme de mépris qu'il avait glané à Castres ou à Toulouse, je ne sais, me fit rire le premier, et j'eus la satisfaction de le voir sourire à son tour. Onze heures sonnèrent vite et nous nous bousculâmes tous pour la sortie ; les deux grands qui se croyaient très malins parce qu'ils étaient quelque peu sortis de Mazamet m'eurent vite rejoint ; à je ne sais quelle grosse plaisanterie que m'adressait l'un d'eux, l'autre voulut bien s'interposer : « Le petit a ri, c'est un bon garçon, tu ne lui en feras pas davantage. » Et ce furent là toutes les brimades que j'eus jamais à supporter, après m'être fait à l'avance des montagnes de ce qui ne devait être que des vétilles sans importance.

Je n'oublierai jamais ces heures de jeunesse consacrées à ce travail manuel si réconfortant, à l'exercice d'un des métiers les plus sains et les plus fortifiants, parce qu'il exige de la force, de l'adresse, des exercices physiques continuels.

Oui, je l'ai aimé dès le début, ce métier à l'aide

duquel l'homme plie, comme en se jouant, au gré de son caprice, le plus rude et le plus utile de tous les métaux.

Une chose pourtant me contraria dès le début : le samedi, à la fin de ma première semaine, le contremaître vint m'annoncer que les apprentis travaillaient régulièrement tous les dimanches jusqu'à onze heures du matin et que, le lendemain, il en serait ainsi pour toute la journée à cause d'une importante réparation de chaudière à une usine de la gorge. Le lendemain, quand se leva mon premier jour de joie et d'affranchissement, ses premières lueurs me trouvèrent un torchon à la main et du cambouis aux doigts ; je nettoyais les machines, le sol de l'atelier, passant la brosse sur l'établi ; le patron aimait que l'outillage soit bien tenu, aussi fallait-il donner un coup de papier d'émeri aux étaux, en graisser les vis, passer en revue les filières, etc. Sur le coup de onze heures, je traversai les rues, un peu honteux de ma tenue de toile bleue, au milieu des gens endimanchés ; j'allai avaler chez moi un reste de soupe et me voilà grimpant la route des usines pour passer le restant de ma journée dans une chaudière enfumée. Quel triste dimanche, triste sur toutes les coutures ! Il n'y eut pas même de soleil ce jour-là, et quand je pris le chemin du retour, ce fut sous une petite pluie fine et glaciale qui me fouettait la figure.

***

Le moment de ma première communion approchait à grands pas, mais je ne m'en faisais guère de souci. Ma famille appartenait à ce qu'on appelle l' « Église nationale », c'est-à-dire qu'elle était censée appartenir à l'Église dont l'État salarie les pasteurs ; je me préoccupais fort peu de religion ; dans la famille, on n'était pas dévot non plus ; sauf ma grand'mère qui était animée d'une réelle piété, personne ne songeait à prononcer le nom de Dieu ; mon père se disait bon protestant, mais il n'allait pour ainsi dire jamais au culte ; il disait, comme bien d'autres de ses coreligionnaires, que, si les persécutions revenaient, il serait le premier à subir le martyre, mais en attendant il passait son dimanche au café et faisait montre de son protestantisme les seuls jours d'élections municipales ou législatives, quand il s'agissait, disait-il, de sauver la patrie des mains des *cafards ;* ma mère allait un peu plus souvent au culte que mon père, mais à cela se réduisait toute sa religion ; elle avait eu pourtant, m'a-t-elle raconté depuis, des parents pieux, sa jeunesse avait été traversée des souffles vivifiants de la puissance divine, mais troublée aussi par les effroyables discussions dogmatiques qui ont atteint leur apogée, à Mazamet du moins, vers 1874-1878. Placée en service, au moment de son mariage, dans une famille dite *libérale,* elle se vit contrainte par ses maîtres, malgré ce libéralisme de surface plutôt oppresseur, de recevoir la bénédiction nuptiale d'un pasteur notoirement incrédule, absolument inconnu des deux époux, qui s'institua, à la suite de cet exploit, le guide spirituel du nouveau ménage; la foi qui avait guidé ma mère dans sa jeunesse s'éteignit vite sous les assauts continus d'un pasteur qui ne parlait, dans ses sermons, de Jésus-Christ que pour attaquer sa divinité. Ma mère devint indifférente, mon père l'était déjà; je le fus à mon tour lorsque je fus en âge de raisonner là-dessus.

Je ne pouvais décemment faire ma première communion sans paraître auparavant au culte du dimanche pendant quelques mois; à vrai dire, c'était surtout ma grand'mère qui me poussait à cet acte de bienséance, elle pourtant qui, lorsqu'elle pouvait sortir, ne fréquentait que la *chapelle* ou le *local* (l'Église indépendante); je me vois encore, accompagné de temps à autre par ma mère et mes sœurs, dans ce vaste temple libéral à peu près désert; les prières y étaient dites sans conviction, les psaumes, que personne ne chantait, étaient exécutés seulement par un harmonium poussif; le sermon enfin, tombant comme une eau glaciale, en phrases endormantes et cadencées, vides d'intérêt, vides de Dieu, de Jésus-Christ, de foi, était prêché sans certitude, étalant une froide morale rationaliste; je n'y pouvais résister, je tombais de sommeil et dormais de tout mon cœur jusqu'au moment où, instinctivement, l'amen final me réveillait *subito*. Il n'y avait pas à songer à sortir après le sermon, comme se le permettait une notable partie du maigre auditoire; il me fallait assister, pendant quelques semaines encore, à l'école du dimanche. En parlerai-je? Je ne voudrais pour rien au monde ridiculiser une institution si remarquable dans son principe et qui fait tant de bien là où ses directeurs ont *la foi;* mais qu'il me soit permis de dire seulement que je n'en ai rien retiré du tout; que nos monitrices, plus persuadées de la beauté de leur toilette que de la vérité de la leçon du jour, me lassaient plus qu'elles ne m'instruisaient par leur bavardage.

A Pentecôte 1893, je fus enfin reçu à la première communion; personne ne m'avait jamais interrogé sur mes sentiments intimes et personne ne s'était enquis de savoir dans quels sentiments j'approchais du corps et du sang de notre Sauveur; le catéchisme du jeudi ressemblait fort à l'école du dimanche, les monitrices en moins; le pasteur nous faisait un cours de morale, tel que j'en avais entendu déjà à l'école de Bertalaï; il expédiait au plus tôt sa leçon et rentrait chez lui au galop; seule, le matin du grand jour, ma grand'mère m'adressa quelques paroles convaincues sur le grand acte que j'allais accomplir, mais je n'y pris pas garde, je n'étais pas loin de la considérer comme un peu radoteuse, puisqu'elle n'était pas à l'unisson de tous.

Le dimanche suivant, Philippe vint me chercher pour promener; c'était un beau jour de juin, nous finissions de déjeuner quand il se présenta à la maison; le temps d'avaler une dernière bouchée, de prendre mon feutre et de descendre avec lui l'escalier. Un chaud soleil se répandait sur toute la rue; les braves gens étaient assis sur leurs portes, sous leurs treillages déjà verdoyants. Où diriger nos pas, un dimanche, si ce n'est vers la prairie de Bertalaï, toujours sillonnée de promeneurs. Nous n'avions, en effet, nulle envie de parcourir la grand'rue en tous sens, depuis le matin huit heures jusqu'au soir dix heures, comme ne manquaient pas de le faire nos camarades d'école ou d'atelier.

A peine assis ou plutôt couchés sous un châtaignier, voilà Philippe qui entame un sujet auquel j'étais loin de penser; de son air franc, décidé et ouvert, le voilà qui se met à me questionner sur mes sentiments religieux, sur la cérémonie du dimanche passé, etc. ; j'étais loin d'avoir réfléchi à ce que j'allais répondre, il me prit au dépourvu, je n'avais rien pensé, je n'avais rien à dire.

Philippe avait fait sa première communion le même jour, à la même heure que moi, mais dans un temple différent. Sa famille appartenait à l'Église indépendante, au *local,* comme on disait chez nous avec une certaine nuance de mépris; tout jeune, il avait été enrôlé dans une merveilleuse école du dimanche, dans la section cadette d'un vaste cercle de jeunes gens qu'avait organisé son Église ; évidemment Philippe, avec ses malheurs de famille, sa volonté précocement exercée, son caractère loyal et décidé, me paraissait un sujet d'élite à tous les points de vue ; il est certain qu'au point de vue religieux, servi comme il l'était par ses qualités, il ne pouvait que profiter des excellents moyens d'éducation, de formation et de développement religieux et moral dont il avait la libre disposition ; quoique je le connusse, comme tout l'atelier du reste, assez *dévot* et pilier de réunions de toutes sortes, sans oublier celles de tempérance, son sujet de conversation me déconcerta.

Il me raconta tout son développement religieux, l'apostolat de son pasteur, son activité à l'*Association des jeunes gens,* les sentiments avec lesquels il s'était approché dimanche de la Table du Seigneur, comment il comprenait cet acte de communion, etc. Je pus me rendre compte tout de suite combien sa foi était sincère, sans pose, sans embarras, sans mièvrerie; il n'avait que seize ans, mais c'était déjà un apôtre; il était par-dessus tout l'homme du zèle et du dévouement; c'était le zèle ardent, agissant, toujours en mouvement, qui eût traversé l'eau et le feu pour rendre service de son temps, de sa bourse s'il l'eût pu, de sa santé, de sa vie même. Certainement, les œuvres riches de deux ou trois jeunes gens de cette sorte ont une vie, un entrain qui suffit à les faire réussir. Très exact à son travail, après s'être épuisé tout le jour jusqu'à être le meilleur sujet de l'atelier, il allait le soir, tout haletant, sans prendre aucun repos, assister aux réunions de son temple ou de son cercle, ne comprenant pas ce qu'il appelait la flemme de ses camarades moins zélés que lui. Brave et cher camarade, maintenant que de longues années ont passé depuis ce jour mémorable pour moi où il m'a ouvert le premier les horizons des réalités divines, je salue toujours en lui le type du jeune ouvrier chrétien, honnête, courageux, robuste et fidèle.

Philippe avait terminé sa petite exhortation, que j'avais écoutée avec plaisir parce qu'elle venait de lui, d'une façon très pratique : il m'engageait d'abord à ne pas perdre l'habitude du culte du dimanche, et à y assister dans mon propre temple, si je ne voulais pas essayer du sien ; en second lieu, il m'invitait à venir quelquefois avec lui à l'*Association*, aux études bibliques ou à la gymnastique, mais tout particulièrement à la fête de la jeunesse fixée au 25 juin ; pour ce jour-là, il comptait sur moi, il demandait à notre vieille amitié cette satisfaction bien facile à contenter ; je n'avais pas d'objection précise à lui opposer, je lui promis sur ce dernier point.

Là-dessus, je changeai d'atelier ; mon père me fit embaucher, par l'intermédiaire d'un sien cousin, dans l'atelier de forge et d'ajustage d'une grande manufacture de draperie, dont la vaste usine avait poussé au milieu des prés verdoyants, dans un splendide paysage. Je n'étais pas, de mon naturel, grand admirateur de la nature, mais le soir, à mon retour, je ne pouvais m'empêcher, tout en marchant, de regarder les champs, les prés et la rivière se nuancer des teintes rosées du soleil couchant à côté de la cheminée perdue dans les airs, vomissant toujours sa fumée noire à l'horizon.

J'aurais été très satisfait de ma nouvelle situation si je n'avais, pour mon malheur, renoué connaissance, là, avec un gamin de mon âge, bien oublié depuis l'école : Dougados Ernest ; c'était une forte tête, ce que, dans notre langage mazamétain, nous appelons *uno tolo;* le monsieur fumait et trinquait à douze ans, il courait le cotillon à quatorze et il ne fallait pas être bien clairvoyant pour prévoir qu'à vingt ans il serait étiolé et sans force, la voix rauque, la poitrine étriquée, le teint blafard, incapable, bien entendu, de faire un soldat, même dans l'armée auxiliaire. Ce fut mon mauvais génie; je manquais à cet âge de force de caractère (j'en ai peut-être trop pris depuis lors); j'oubliai vite les bons conseils de Philippe, et me voilà sous la coupe d'Ernest. Quand le 25 juin arriva, ce ne fut pas à la fête de la jeunesse chrétienne que j'allai, ce fut à la fête locale du Pont-de-l'Arn, la première des fêtes du pays où j'allai étant *ouvrier*, c'est-à-dire étant un homme qui compte. Je n'ai de cette fête qu'un vague souvenir de tristesse; commencée dans la chaleur et la poussière par une foule qui veut se persuader qu'elle s'amuse, elle s'aplatit piteusement au milieu d'une grande pluie lugubre, coupée des mugissements du vent; trempé jusqu'aux os, j'arrivai chez moi juste à temps pour attraper une verte semonce de ma mère et pour passer ma soirée à faire sécher et à nettoyer mes habits du dimanche, qui avaient été à la fois ceux de ma première communion et ceux de ma première danse.

L'automne puis l'hiver passèrent, avec l'intimité toujours croissante d'Ernest; je forgeais un peu, je m'étais perfectionné dans mon métier; bref, je commençai, à ce moment-là, à être payé; je touchai d'abord un franc par jour, puis un franc cinquante; j'apportais tout à ma mère, il est vrai, mais en retour elle me donnait bien deux francs chaque dimanche; c'était plus qu'il ne m'en fallait, c'est certain, mais, heureux des sous que je faisais sonner dans ma poche, je me chargeais bien à nous deux de dépenser cette somme; nous avions choisi notre café, un café tranquille et retiré, sur l'avenue de Carcassonne, pas loin de la maison paternelle; sur un vieux billard usé, nous nous sommes longuement exercés, pendant les interminables après-midi du dimanche que nous ne savions comment tuer; puis, ce café nous paraissant un théâtre trop peu digne de nos importantes personnes, nous émigrâmes dans un établissement du *Boulevard,* plus fréquenté et plus bruyant, jusqu'au jour où nous atteignîmes le suprême chic en paradant tout le dimanche au *Continental;* mais là, nous sortions un peu de notre sphère, nous coudoyions surtout des employés ou des petits commerçants.

*
* *

En mai 1894, je venais d'avoir seize ans, je passai ouvrier aux appointements fixes de deux francs; je m'étais perfectionné dans l'ajustage des machines; je ne craignais plus de faire des *loups,* autrement dit des maladresses, qui auraient pu faire perdre le travail; aussi je me mis carrément à la besogne, persuadé que si je n'apprenais rien à cet âge, je ne saurais rien plus tard.

Tout en travaillant, je n'avais garde d'oublier de me dissiper aussi; ce fut même dès ce moment que je commençai à mener une vie dissolue augmentant chaque semaine; en la compagnie d'Ernest et celle tout aussi pernicieuse d'Édouard Bénézech, un de mes cousins, il n'était pas de fête que nous ne fréquentions; sans parler de celle de Monplaisir, qui tombe malencontreusement en hiver, où je régalai chez moi tous les copains de la boîte, nous nous rendions à tous les endroits où le moindre bal, la moindre baraque foraine, tir ou chevaux de bois, nous offrait l'occasion de dépenser nos quatre sous. Un dimanche toutefois, je dus interrompre mes équipées; une de mes cousines, Emma Alquier, fille d'une sœur de ma mère, venue depuis peu de Lestrèpe, faisait sa première communion à l'Oratoire; l'usage veut que, dans nos familles, on se fasse réciproquement la politesse d'assister à la cérémonie pour des parents proches; je ne pouvais donc m'y dérober et, en outre, je réfléchis que cela me donnerait l'occasion de voir Philippe que j'avais bien négligé depuis que je ne travaillais plus avec lui. La cérémonie fut vraiment belle, et, malgré mon insouciance, je fus singulièrement ému quand, au moment des engagements, les catéchumènes, qui étaient, ma foi, fort nombreux, après le chant de l'assemblée :

> Oh ! croyez que Dieu vous donne
> Tout ce qu'il promet

répondirent aussitôt, d'une voix étranglée par l'émotion :

> Oui, Seigneur, malgré l'orage,
> Et malgré la nuit,
> Nous voulons prendre courage,
> Forts de ton appui ;
> Et joyeux, pleins d'assurance,
> Nous avancer vers le ciel,
> En saluant à l'avance
> Le jour éternel !

Je sortis du temple assez touché; je faisais la réflexion que c'était là une religion, et qu'il n'était pas besoin d'être docteur en théologie pour en comprendre la supériorité sur la seule que j'eusse connue jusque-là; à prendre une religion, c'en était une du moins qui parlait au cœur et à l'esprit; mais pour cela, que d'obstacles à briser, il me semblait que je ne m'en sentirais jamais le courage; le beau soleil d'été vint m'arracher à ces réflexions trop sérieuses et, une fois de plus, mes délassements habituels occupèrent toutes mes pensées.

*
* *

Juillet! La fête des Bausses se prépare; on veut faire cette année quelque chose de remarquable; la jeunesse du quartier s'agite et se dispute déjà; je me réjouis de cette perspective, car je suis invité par mon ami intime du moment, Édouard Bénézech; j'ai déjà dit qu'un faible lien de parenté nous réunissait (nos pères étaient premiers cousins), et c'est grâce à cette circonstance que mes parents me voyaient aller sans déplaisir avec un garçon beaucoup plus dépensier que moi et qui devait à sa situation d'employé des allures beaucoup plus distinguées que les miennes. Édouard semblait se plaire en ma société; c'était un bon garçon, sans autre ambition que celle de se couler la vie aussi douce que possible; ses parents avaient du bien, il était seul fils, n'ayant qu'une sœur, Alice, un peu plus âgée que lui.

Ma sœur Berthe était également invitée chez notre

oncle (quant à ma sœur aînée, elle était depuis janvier placée en service dans une riche famille de Mazamet); lorsque nous arrivâmes aux Bausses, la foule commençait à s'y porter; il était pourtant neuf heures du matin à peine; déjà, dans les boutiques de coiffeurs, les clients se précipitaient pour y stationner longtemps; de toutes les fenêtres, des odeurs de cuisine et de friture s'exhalaient jusque dans la rue; des forains étaient accourus, des marchands de confettis aussi; bref on se promettait de s'en donner tant qu'on pourrait, du plaisir, avec de l'argent péniblement amassé depuis longtemps, ou peut-être même emprunté.

La fête commença par un plantureux déjeuner chez la tante; toute la basse-cour y avait passé : lapins, poulets, pigeons, etc.; on avait eu pour ma sœur la délicate attention d'inviter à table une jeune voisine, Eugénie Sévérac, qui travaillait avec elle comme apprentie chez la principale couturière de la ville; Eugénie, que je connaissais déjà, me fit bonne impression; timide et douce, elle était jolie, et avait la réputation d'une bonne travailleuse.

La journée se passa, avec Édouard et quelques autres copains, en flâneries, en achats d'inutilités et en séances au café le plus confortable, qui regorgeait de monde; puis nous allâmes voir danser dans l'impasse qui servait à cet usage; nous avions l'intention de participer au bal du soir; je m'en ouvris à Eugénie qui nous accompagnait et elle accepta, rougissante, d'être ma cavalière pour toute la durée de la soirée.

Pour une fois le souper me parut long ; le repas du matin avait été si copieux, qu'il semblait qu'on ne pût plus avoir faim de la journée ; puis, il faut le dire, l'impatience du bal m'enlevait l'appétit.

A huit heures, nous n'y tînmes plus, nous arrivâmes largement à l'avance, les musiciens n'y étaient pas encore, et dans l'espace, faiblement éclairé, un vieil homme barbu, *lou Toupinaïré,* jetait majestueusement du sable sur le sol avec un noble geste de semeur ; nous l'aidâmes : gens du peuple s'entr'aident, surtout quand c'est pour la rigolade. Peu à peu, les danseurs du faubourg, les invités du dehors arrivèrent, les uns pour danser, les autres pour regarder ; Eugénie arriva bientôt accompagnée de ma sœur ; elle fut ma seule danseuse, selon l'usage de nos pays qui veut qu'un jeune danseur ne lâche pas la danseuse choisie de toute la soirée ; ma sœur Berthe échoua en partage à mon cousin Édouard, qui n'avait garde de manquer aucun divertissement de ce genre. La fête battit son plein sur les dix heures, puis, à partir de ce moment, déclina ; les gens relativement rangés, dont nous étions, ne devaient pas s'attarder plus longtemps, et nous nous séparâmes enfin, non sans avoir fait un bout de conduite à mon amie de la soirée.

Les circonstances et mon changement d'atelier m'avaient insensiblement séparé de mon vieil ami Philippe, et je commençais à m'en mordre les doigts ; je n'avais pas trouvé chez mes nouveaux compagnons cette confiance et cette intimité que m'avait toujours accordées ce camarade des premiers jours ; aussi m'empressai-je de saisir avec plaisir les premières occasions qui nous rapprochèrent l'un de l'autre; loin de me montrer du dédain ou du mépris, à cause de ma conduite dissolue, il me témoigna de suite la même amitié qu'autrefois; c'est triste à dire, mais je jouais alors en partie double et prenais la vie de deux côtés différents à la fois.

Avec Philippe, je m'accordais les plaisirs permis et sains; nous allions des fois pêcher à la main quelques goujons ou autres poissons, dans le Thoré ou dans de petits ruisseaux que j'ai depuis eu bien du plaisir à revoir; d'autres fois, nous poussions jusqu'au-dessus du Pont-de-l'Arn, les après-midi du dimanche; là, Philippe avait vite fait de se déshabiller et de se jeter le premier à l'eau; c'était un fort nageur, et, quand je l'avais rejoint, il me donnait les premières leçons de natation, au cours desquelles ce n'était, pendant des quarts d'heure, que cris de joie, poursuites, surprises, sauts de carpe, etc. Nous nous rhabillions ensuite et, après avoir avalé une limonade au café ombragé devant lequel nous passions, nous reprenions, frais et dispos, la route poussiéreuse et charbonneuse qui nous ramenait au logis. Pendant ces longs tête-à-tête, mon camarade évitait généralement de m'entretenir des sujets religieux dont son cœur était plein; un jour pourtant, il me demanda pourquoi déjà je n'allais plus au culte. Quand je lui eus répondu qu'un jeune homme, à mon âge, n'y devait plus aller, ou seulement les jours de fête, il me répondit par des raisons que je reconnais maintenant être fort sensées : « Comment, aller au culte seulement les jours de fête, parce que ce jour-là c'est l'usage et qu'on est bien vu, est-ce là un raisonnement digne d'un jeune homme intelligent ? Quoi, et c'est toi qui te fais ainsi l'esclave du qu'en-dira-t-on et qui, pour faire quelque chose, regarde d'abord si le voisin la fait ou ne la fait pas ! » Je sentais bien qu'il avait raison, mais je ne tenais pas à entamer un sujet sur lequel je me sentais battu d'avance ; je ne répondis pas. Il me parla aussi une seule fois de mes escapades du dimanche à Castres ou à Labruguière, il dit seulement : « Si tu n'as pas plus de force de caractère, les occasions de dépenser ton argent ne te manqueront pas, et il y en a tant qui n'ont pas seulement de quoi manger. »

Ces promenades morales avec Philippe avaient en effet un mauvais pendant, et, comme je le disais tout à l'heure, je vivais certains jours avec lui une vie saine et honnête, et d'autres jours une vie de débauche et de dissipation.

Mes compagnons de café se trouvaient d'accord avec moi pour désirer des distractions plus pimentées que celles qui nous avaient suffi jusque-là ; nous nous étions enhardis à fréquenter de plus en plus le café des *Glycines*, repaire de débauche clandestine aujourd'hui disparu, et les bouges de la rue du Galinié ; nous ne passions plus guère de dimanche à Mazamet ; je profitais de la bicyclette que mon père m'avait allouée pour aller chaque jour à l'atelier (distant de trois kilomètres), pour me rendre avec les copains à Labruguière, Valdurenque, Castres, et autres lieux gâtés moralement et physiquement par la troupe, et où nous nous trouvions plus à l'aise que dans notre ville natale; j'ai encore à l'esprit la première de ces escapades; c'était dans un petit village du voisinage du camp du Causse, un dimanche après-midi, au moment de la forte chaleur; le village dormait dans le soleil, au milieu du silence paisible de la campagne; seul le bruit des verres entrechoqués et des billes de billard sortant d'un café rompait la paisible quiétude des villageois; nous y entrâmes et respirâmes dès le seuil l'odeur dégoûtante du vin et de l'absinthe; quelques artilleurs riaient fort, plaisantant une servante en cheveux qui s'avança vers nous. Édouard voulut faire le malin devant les artilleurs :

— « N'est-ce pas que vous vous appelez Anaïs ? » lui fit-il d'un air entendu.

— « Vous le savez peut-être pas », fit-elle d'un ton rogue.

Très excité par la course et la température, et peut-être aussi par sentiment de bravoure, il se leva pour l'embrasser.

— « Allons, laissez-moi faire ma besogne, c'est pas fête pour moi », grincha-t-elle; et, laissant Édouard un peu piteux, elle s'en retourna vers les artilleurs auxquels elle raconta sur nous je ne sais quoi qui les fit se retourner vers nous avec un sourire moqueur; très mal à mon aise, je réglai les consommations et entraînai dehors mes deux camarades, me promettant bien de ne plus revenir voir ce monde-là.

D'autres dimanches du même été nous virent pousser plus loin nos expéditions; nous allions le plus souvent à Castres; nous ne faisions que traverser cette ville aux rues mornes, dont les habitants stationnaient en groupes sur les portes, pour nous rendre dans les établissements ombragés bien connus de la jeunesse, à *Madrid,* à *Nice,* où des tables artistement placées sous les tonnelles des jardins, au bord de l'eau, semblent attendre les convives, en leur promettant toutes sortes d'attractions : des refrains de cafés-concerts, chansons niaises et bêtes qui unissent à une sensibilité toute de surface des paroles à double sens et des jeux de mots grivois; des chanteuses de ces idioties, troupe louche, maison de prostitution ambulante qui gangrène successivement les petites villes de province; des femmes abominables, des goules insatiables qui ruinent l'homme dans sa santé comme dans sa fortune.

Comme la jeunesse est absurde de se laisser aller à de tels penchants! Il est vrai que, trop souvent, elle n'est pas seule fautive; à des jeunes gens qui n'aspirent qu'à goûter les pures joies de la famille, il se trouve des parents pour leur dire avec un sérieux déconcertant : « Amuse-toi pendant que tu es jeune, tu auras bien le temps de te morfondre plus tard, au coin du feu, avec ta femme et tes mioches. » Et le jeune homme obéit, il *s'amuse,* c'est-à-dire s'abrutit et s'appauvrit la santé pour passer le temps; il court les cafés-concerts, les maisons louches; il corrompt son esprit et parfois contracte des maladies terribles qui ne guérissent jamais complètement et dont il transmet le germe à ses enfants. Mais là n'est pas tout le mal : au contact de ces femmes perverties, la sensibilité morale de l'homme s'émousse ; il prend goût au vice, son langage devient grossier, il s'avilit et avilira par son contact, par ses paroles, sa femme et ses enfants.

Au retour d'une de ces escapades, nous eûmes une fameuse frayeur ; un soir de grosse chaleur, Ernest, au retour, prétendait ne pouvoir faire cent mètres sans se rafraîchir, tantôt avec un bock dans un café, tantôt au moyen d'une bouteille d'eau de vie qu'il portait avec lui ; arrivé à Mazamet, sur les dix heures du soir, il pouvait à peine se tenir droit sur sa bicyclette ; un léger obstacle le fit chavirer, et nous le vîmes aussitôt par terre, sous ses roues, incapable de se relever vu l'engourdissement de son esprit ; en un mot, il s'était *cocardé cochonnément,* pour employer sa propre expression. Le voyant privé de mouvement, nous fûmes contraints, à deux, de le porter chez lui comme un assassiné, sans qu'il donnât signe de vie ; il se réveilla pourtant en se retrouvant chez lui sans avoir eu aucun mal ; il avait une clef de sa chambre (ses parents étaient absents) et nous le couchâmes rapidement pendant qu'il se lamentait avec le ton pleurard des ivrognes ; il avait le vin triste.

*
* *

Vers le milieu de septembre (1894), j'avais un jour, par hasard, plié à quatre heures, et j'eus l'idée de me rendre à la foire du Pont-de-l'Arn, célèbre par la contrée ; j'eus la surprise de rencontrer sur la route Philippe qui s'y dirigeait aussi, profitant des vacances accordées dans son atelier à cette occasion; ce fut avec un plaisir sincère que je le rencontrai; ces dernières débauches m'avaient vraiment causé des haut-le-cœur de dégoût; je commençais à m'apercevoir qu'il devait y avoir pour la jeunesse quelque chose de meilleur et de plus vrai, et Philippe, avec sa belle prestance, son sérieux et son enjouement à la fois, me semblait personnifier le gars idéal; il se rendait au Pont-de-l'Arn pour l'emplette de quelques melons, je le conseillai dans ces achats, il m'offrit le régal d'un de ces légumes dans un coin du parc qui surplombe le village et, à mon retour, je fus heureux de le décharger un peu et de lui aider à porter son fardeau. Cette courte promenade, insignifiante au premier abord, tient une certaine place dans mes souvenirs, par le contraste violent qu'elle offrait avec celles des dimanches précédents; elle ne m'empêcha point, toutefois, de revenir peu après à l'un de ces *Eden* de Castres, mais l'impression que je retirai cette fois de cette bordée fut des plus lugubres; le café en plein air était presque désert, la classe ayant été renvoyée l'avant-veille, beaucoup de sous-offs étant en permission et les recrues n'étant pas encore arrivées; c'était l'automne, les feuilles jaunies tombaient en tourbillonnant des platanes jusque dans nos consommations et formaient par terre un épais tapis; la conversation et les plaisanteries des femmes qui nous attiraient dans ce lieu me semblaient absolument ridicules; la boîte sentait le moisi et la faillite; au retour, un énervant vent d'autan contrariait notre marche en nous soufflant aussi les feuilles mortes ; peut-être même la récente entrevue avec Philippe m'avait-elle remué le cœur plus que je n'osais l'avouer ; bref, cette journée me parut la plus lugubre de ma vie, et à mon arrivée à Mazamet, quand je longeai les promenades dont les grands platanes mugissaient plaintivement sous le vent, seul bruit de la ville endormie, ma résolution était bien prise : je ne voulais plus de cette vie-là, ou, du moins, j'abandonnerais ces expéditions où je laissais le plus clair de ma santé, de mes forces et de ma dignité.

Sur ces entrefaites, un événement inattendu vint me forcer à tenir les résolutions que j'avais prises peut-être inconsidérément, dans un moment de mélancolie : ma bonne grand'mère vint à mourir des suites d'une attaque, après avoir tenu le lit trois jours ; l'hiver est toujours fatal aux pauvres vieillards, et celui-ci devait nous laisser dans le deuil. Les derniers jours de mon aïeule furent pleins de paix, elle aurait voulu que je lui chantasse quelques cantiques, mais j'en étais incapable, et ma sœur aussi ; dans les catéchismes que nous avions suivis, on ne nous en avait pas enseigné, et nous n'y avions d'ailleurs pas le goût ; le pasteur de la chapelle venait deux fois par jour la voir, et ce fut lui qu'elle pria, quelques heures avant sa mort, de présider les obsèques.

Je revois encore la triste cérémonie, un jour gris et froid de novembre, sur le midi ; dans nos cérémonies protestantes point d'apprêts ni de formalisme ; le recueillement des assistants suffisait à rendre le moment solennel ; beaucoup de monde, des amis de la famille, des gens de Saint-Amans, attachés à la défunte, vieux paysans vêtus de noir et vieilles femmes en coiffe blanche avec un voile ou une grande capeline noirs ; je marchai pendant le convoi avec Philippe qui était accouru le premier chez nous ; au cimetière, le pasteur parla avec une grande force des promesses de la foi, de la certitude de la résurrection, des réalités de la vie éternelle ; c'était beau et saisissant, je ne perdais pas une de ses paroles, et les autres assistants de même ; pour qui avait connu ma grand'mère, cela était encore plus touchant ; ce fut la première fois qu'un discours religieux me fit une impression aussi profonde, et pourtant j'en avais souvent entendu, dans le cimetière ; peu auparavant j'avais assisté aux obsèques d'une voisine, jeune fille rapidement emportée par une mauvaise fièvre ; dans cette circonstance navrante, un discours touchant eût été facile à faire ; il n'en fut rien et le pasteur officiant (celui qui m'avait admis à la première communion) ne sut dire, de son ton emphatique et larmoyant, que des banalités et des choses ternes ; il avait insisté surtout sur le fait qu'il nous fallait pleurer, puisque Jésus pleura sur le bord du tombeau de Lazare, mais il n'eut garde de mentionner la suite du récit, savoir la résurrection de Lazare et la sublime parole qui la précéda : « Je suis la résurrection et la vie », puisque, à ses yeux, le quatrième évangile, encore plus que le reste de la Bible, n'est qu'un tissu de légendes apocryphes.

Eugénie Sévérac avait assisté aux obsèques de ma grand'mère et avait paru touchée de ce qu'elle y avait entendu, car, catholique de naissance, elle n'avait jusqu'à ce jour assisté à aucune cérémonie protestante.

La mort de ma grand'mère amena des modifications dans notre logement : mon père avait, depuis des années, mis quelques sous de côté, et il résolut de réaliser le rêve de tout ouvrier de chez nous, savoir d'acheter une maison ; il avait depuis longtemps déjà un joli petit jardin sur le flanc du coteau qui s'élève entre la rue du Théron et le faubourg du Gua ; un petit escalier casse-cou introduisait dans ce minuscule domaine où nous passions parfois les dimanches en famille ; une allée de buis taillé séparait en deux parties égales les plates-bandes occupées par les choux, les poireaux et les asperges ; quelques châtaigniers, les inévitables figuiers parsemés çà et là, et la non moins inévitable vigne arrangée en tonnelle au fond du jardin, complétaient le charme de ce petit coin où l'on se reposait volontiers des poussières noires de l'usine. Heureux de se sentir le possesseur respecté de ce lambeau de territoire, mon père ne voulait pas laisser échapper l'occasion qui allait l'en rapprocher ; une maison voisine était à vendre, il l'acquit sans la payer complètement et nous nous y installâmes dans le courant de l'hiver. Notre nouvelle habitation était cent fois plus confortable que celle de Monplaisir ; située à l'extrémité de la rue du Théron, à l'endroit le plus élevé de cette voie, elle avait, des fenêtres, une vue superbe surplombant la rivière et les toits des vieux quartiers de la ville ; quoique dans un quartier calme et aéré, elle était centrale, présentait un joli aspect, la façade ornée de vigne grimpante et ombragée d'acacias plantés sur le bord opposé de la rue ; quelques dépendances permettant de loger poules, lapins et l'indispensable cochon en complétaient le confort ; mes parents occupèrent le rez-de-chaussée, et le premier étage fut loué en attendant que quelques années de plus me permissent d'y installer moi-même mon propre ménage.

*
* *

Janvier ! l'époque où l'on *tue*. Très rougissante, Eugénie m'avait rencontré au sortir de l'atelier, dans la grand'rue, au moment où elle entrait chez l'*Espagnol* acheter des oranges pour la fête du lendemain, soit l'égorgement du cochon, et elle m'avait murmuré une invitation pour cela, de la part de ses parents, ajoutant que les Bénézech, des Bausses, seraient aussi de la partie. J'acceptai ; je ne sais ce qui chantait dans mon cœur, mais il me semblait que cette jeune fille ne m'était pas indifférente, non que je songeasse à me marier (j'avais juste dix-sept ans), mais parce qu'un garçon est toujours heureux de dire ou de faire croire que telle ou telle jeune fille est sa promise.

A l'heure dite, je me rendis chez les Sévérac après avoir fait un bout de toilette ; le père et la mère étaient de braves gens sans conséquence ; Eugénie, dont j'ai fait déjà le portrait, était leur fille unique ; il y avait en outre deux fils plus âgés, Joseph et Léon, deux bons zigues, travaillant dans un pelage de La Richarde, piliers de cafés et commissaires obligés de la fête de leur quartier ; la famille était catholique, mais sans beaucoup de dévotion ; du reste, malgré les différences de religion, personne n'avait l'idée d'aborder ces questions-là, encore moins de les discuter.

Le repas commença aussitôt mon arrivée et celle de mes cousins, repas dont le condamné du jour faisait tous les frais ; la conversation, d'abord languissante, s'anima peu à peu ; le père, surnommé l'*Artilleur,* parlait de ses souvenirs guerriers de 1870 qui lui avait laissé des rhumatismes ; la mère parlait beaucoup de première communion : un tel l'a faite, un autre ne l'a pas faite, ceci pour désigner les âges, ce qui, joint aux différences pratiquées par les deux confessions, jetait quelque confusion dans les chronologies de la brave femme ; les deux fils parlaient des farces de l'atelier, du café ou des fêtes passées ou prochaines ; Eugénie, à côté de qui on avait eu l'attention de me placer, s'anima vers la fin pour me raconter les péripéties du dernier roman paru ; elle était grande liseuse de tout ce qui lui tombait sous la main : les journaux, des livraisons des *Misérables* ou des *Mystères de Paris ;* elle lisait surtout le roman-feuilleton, tous les jours pour un sou de viol, d'assassinat, de mystères, de violences et de larmes ; elle lisait tout sans grand discernement, et ses parents, qui ne savaient même pas déchiffrer l'alphabet, n'y voyaient aucun mal et la laissaient faire; aussi sa grande préoccupation, son idée fixe était-elle de savoir si *Fernand épouserait Lucienne, ou si l'amant de la comtesse serait surpris par le mari;* elle me faisait part naïvement de ces incertitudes et à nous deux nous tâchions de deviner le dénouement.

Bref, par le moyen de ces détails enfantins, mon amitié avec Eugénie, au reste bonne et charmante fille, s'accrut encore; ses parents ne virent sans doute pas de mauvais œil cette intimité naissante, car peu après, leurs enfants m'invitèrent à aller promener avec eux; le but de la ballade était le vieux village d'Hautpoul, perché sur son rocher inaccessible; ce fut une bonne journée de franche gaieté, qui se termina par une soirée non moins agréable, employée à manger les châtaignes qu'on avait ramassées dans le chemin.

Ce fut en mars de cette année-là (1895) que je franchis pour la première fois le seuil de l'*Association protestante de jeunes gens* dont Philippe était un des membres les plus militants; c'était pour un concert et c'était à mon ami toujours fidèle que je devais le gracieux envoi de quelques cartes; mes parents ne se souciant pas d'y aller et ma sœur Berthe étant indisposée ce jour-là, j'eus l'idée de proposer aux Sévérac de m'y accompagner, désireux de leur rendre leur invitation lors de leur *mazel.* Eugénie et l'un de ses frères, Léon, acceptèrent avec joie. Huit heures sonnaient quand nous entrâmes dans la grande salle, bien construite et aménagée sur le Cours du jardin public; nous eûmes peine à trouver de la place, la course aux Bausses m'ayant retardé, et ce ne fut que grâce au secours d'un des commissaires au brassard bleu, ouvrier ajusteur que je connaissais un peu, que nous parvînmes à nous caser. La soirée fut charmante et, vrai, je n'aurais jamais cru que des gens comme ceux-là, tous ouvriers comme moi, fissent aussi bien les choses ; il y eut de la musique (peut-être un peu trop), puis des récitations, des chœurs par l'orphéon qui me plurent fort, et enfin des pièces de comédie superbement enlevées, sur ce joli petit théâtre, avec des costumes très réussis ; la soirée parut courte, agréablement coupée par une promenade dans les salles voisines du cercle et la consommation d'une bouteille de limonade dans un petit débit installé dans une salle spéciale.

J'avais aperçu Philippe, pendant l'entr'acte, et j'avais été lui serrer la main ; il vint s'asseoir ensuite près de nous, car il ne figurait que dans la chorale, et fut tout heureux de répondre aux nombreuses questions que Léon et moi lui posions sur une œuvre qui semblait lui tenir singulièrement à cœur ; je crus bien faire en lui disant que je reviendrais, et lui me fixa, pour la tenue de cette promesse, le mercredi suivant, se proposant de me prendre chez moi, sitôt le souper avalé.

Le mercredi indiqué, je me réveillai le matin avec le sentiment que quelque chose de nouveau se passerait pour moi dans ce jour. A l'heure dite, Philippe vint me chercher et je me rendis à l'*Association* avec le désir d'étudier d'un peu près cette jeunesse croyante ;

un vague sentiment de moquerie régnait encore en moi lorsque j'entrai dans une salle où une vingtaine de jeunes gens étaient déjà rassemblés; ils étaient tous rangés autour d'une table, ayant devant eux une Bible et un recueil de chants; on me remit aussitôt les mêmes livres qui m'embarrassèrent quelque peu et la réunion commença aussitôt. Un des jeunes gens présents, que je reconnus pour être un mégissier de Bellerive, semblait présider: il indiqua un chant que je ne connaissais pas, puis fit la prière; depuis longtemps, ou pour mieux dire jamais, je n'avais entendu prier ainsi, et une étrange émotion contracta ma gorge; le passage biblique étudié était la parabole du *Semeur* et quelques-uns de ces jeunes gens, quoique dépourvus de toute instruction, firent des remarques et des réflexions très sensées; on voyait qu'ils connaissaient leur Bible et que ce livre n'était plus pour eux ce qu'il était encore pour moi : un livre ennuyeux qui ne rappelait que les séances de catéchisme et qu'il fallait laisser maintenant dormir sous la poussière de la plus haute planche de l'étagère. La réunion se termina par le chant de : *Toi dont l'âme est tourmentée,* cantique qui ravissait ma grand'mère, et que je savais assez pour mêler ma voix à celle de mes nouveaux compagnons, ce qui me permit, à ma grande satisfaction, de ne plus paraître aussi étranger. La plus franche amitié semblait régner entre ces jeunes gens; une sorte de paix était empreinte sur leur figure, ils étaient gais et causaient librement après la réunion, mais sans une parole grossière, quoiqu'ils fussent loin d'être d'une classe aristocratique. Quand je sortis, accompagné de Philippe, je dus lui avouer que la vue de ce petit groupe convoqué pour la prière dans cette salle gaie m'avait profondément remué.

Mes distractions se suivaient et ne se ressemblaient pas; la municipalité, prise d'une grande soif de popularité, s'occupait d'organiser pour le premier dimanche de mai une fête populaire avec bataille de fleurs, bal, inauguration d'un kiosque de musique; mes connaissances des Bausses, Sévérac, Bénézech et Cie, et aussi le jeune fou qu'était toujours Dougados Ernest, m'avaient relancé quelques jours auparavant pour que je ne leur fasse pas défaut à cette occasion; il m'en coûtait bien un peu d'aller me divertir de cette façon juste en face de l'*Association* où j'avais ressenti peu avant des impressions tout autres, mais le désir de ne pas contrarier mes amis, et ma mollesse naturelle l'emportèrent. Dès le matin de ce grand jour, je me préparai à plaire; chez le coiffeur, je me fis raser et peigner d'une façon compliquée, avec une raie et un accroche-cœur particulièrement soignés; j'allai ensuite, en fumant des cigarettes faites, à la gare, voir arriver les multitudes de voyageurs de Castres ou d'ailleurs que dégorgeait chaque train; dans l'après-dîner, je rejoignis la bande de galopins qui me servaient soi-disant d'amis, et c'est avec eux que je profitai de tout ce que la fête pouvait m'offrir; la journée me parut longue néanmoins, et j'étais impatient de voir arriver, avec le soir, le moment du bal qui me réunirait à Eugénie. Il arriva enfin, ce moment tant désiré : le bal s'ouvrit en plein Jardin des promenades, sur une épaisse couche de poussière et de confettis, au milieu des marchands de coco, des curieux et des promeneurs. Je dansai presque toute la soirée, espaçant les quadrilles et les scottishs de longues promenades; la danse finie, nous sortions du bal, et d'autres couples se promenaient comme nous à pas lents ; nous allions causant, et, sans le remarquer, quittant le cercle de lumière et marchant sans but devant nous sur la route déserte qui conduit au *conditionnement des laines;* nous respirions la brise fraîche et parfumée de la nuit ; au loin, derrière nous, le bruit de la danse paraissait s'éteindre ; par instant la clarinette criarde portait jusqu'à nous une note affaiblie.

Oh ! la belle nuit et qu'il faisait bon vivre ! Eugénie était une fille sérieuse ; elle sentait notre inclination réciproque et, comme moi, se berçait d'illusions, se laissant aller à ce rêve charmeur ; nous ne pouvions sérieusement songer à nous marier, il y avait des obstacles réels : notre jeune âge, la religion, etc., mais, inconscients, nous nous laissions vivre d'illusions; malgré ses lectures frivoles, elle ne manquait pas de bon sens, et se permit ce soir-là de me faire quelques amicales observations, car elle avait souffert de mes folles équipées à Castres; elle voyait avec plaisir que je semblais me ranger : « A la bonne heure, mon ami, tu te façonnes maintenant, et cela était vraiment nécessaire. Tu es un beau garçon, il n'y a pas à dire, et ton patron vante ton adresse. Eh bien ! on oubliait tout cela pour ne voir que ton inconduite. Vois-tu, c'est par ses bonnes manières comme par sa bonne conduite qu'un ouvrier s'honore et se fait estimer; quant à moi, je déteste ces voyous qui ne respectent rien et qui se moquent de tout; c'est d'eux seuls que vient la mauvaise opinion que bien des gens ont de nous tous, aussi tout ouvrier qui a de l'honneur doit-il s'attacher à relever notre classe. »

Elle raisonnait, ma foi, fort bien, beaucoup mieux que jusque-là je ne l'aurais cru d'elle, et nous nous attardâmes longtemps à causer ainsi; les heures passaient pour nous plus sérieuses que pour nos camarades de danse; quand nous revînmes au bal, il était près de finir; les lanternes battaient de l'aile; plusieurs étaient éteintes; une brise plus forte se levait, secouant les grands platanes et agitant tous ces globes sphériques ou rayés, jusqu'à ce qu'une bouffée plus forte éteignît tout et terminât le bal subitement dans un grand brouhaha.

Dès ce jour, comme insensiblement et inconsciemment, nous nous considérâmes tous deux comme fiancés; à partir de ce moment, nous allions faire de longues promenades le dimanche, tout en causant de nos projets futurs, jusqu'aux villages voisins, en suivant le cours sinueux des rivières.

*
* *

Un dimanche soir, après souper, alors que je me reposais d'une longue course de l'après-midi, je reçus une visite inattendue; j'étais seul, mon père était parti pour le café, ma mère et Berthe étaient allées voir ma sœur Marie, placée dans une maison de la grand'rue, quand j'entendis frapper à la porte et je vis presque aussitôt entrer un jeune homme que je connaissais bien de vue, mais auquel je n'avais jamais parlé.

M. Schlumberger, âgé d'environ vingt-cinq ans, était Alsacien d'origine; il appartenait à une importante famille d'industriels de Mulhouse où son père dirigeait encore d'immenses filatures et tissages de coton; mis en demeure d'opter pour la France ou l'Allemagne, M. Schlumberger avait sans hésitation préféré être Français, comme ses frères, et avait dû quitter la maison paternelle définitivement; ancien élève à l'École Centrale des arts et manufactures, il avait fait des études très sérieuses et eût pu obtenir un poste très avantageux; il n'en avait rien fait; chrétien militant, apôtre décidé d'une régénération religieuse et sociale de l'ouvrier par le moyen du protestantisme évangélique, il avait cherché avant tout un champ de travail pour son besoin d'apostolat et de dévouement; Mazamet l'avait séduit, et, appelé dans notre ville par une modeste situation d'ingénieur des usines dans une grosse manufacture de tissus d'un de nos faubourgs, il s'était fait vite estimer autant qu'aimer par la dignité de sa vie, son amour désintéressé de la classe ouvrière, son inépuisable complaisance et son énergie inlassable. Il était l'âme et le fondateur de l'*Association* où j'avais été quelques jours auparavant, lors de l'étude biblique, sans l'y rencontrer.

Un peu interloqué d'abord de cette visite inattendue, je me levai pour lui offrir maladroitement une chaise; je fus vite rassuré et mis à l'aise par la simplicité et la cordialité de son attitude. Sans faire aucune allusion à mes débauches récentes, il me dit combien il avait été heureux d'avoir appris que je m'étais rendu récemment à une étude biblique et au concert de son cercle; il me donna quelques renseignements sur toutes les réunions qu'il dirigeait : séances religieuses, conférences, musique, gymnastique, escrime, bibliothèque, etc., en me disant que tout cela était fait pour des jeunes gens comme moi et qu'il était dommage qu'il y en eût tant qui ne le comprissent pas; puis il s'étendit sur quelques considérations générales : « Le monde, dit-il, nous le savons tous, se perd entre quinze et trente ans; c'est cette période de quinze années qui est la grande période de la formation des idées directrices et des principes qui domineront la vie et inspireront la conduite; c'est la période des entraînements faciles, des habitudes naissantes qui feront à l'âme une seconde nature. C'est la grande période de la perdition. L'école, l'apprentissage, l'atelier, la rue, l'usine commencent l'œuvre de dissolution : le café, la caserne, le club l'achèvent... »

S'il parla du mal, il n'oublia pas le remède, et, avec beaucoup de tact, faisant certainement allusion à Philippe : « J'ai confiance que vous serez bientôt avec nous, car je sais qu'il ne faut jamais désespérer de ramener dans le droit chemin un jeune homme qui a pour amis des hommes sérieux. » Puis, se souvenant qu'il était chrétien et qu'il cherchait le relèvement de l'homme avant tout par le secours de Dieu : « Je laisse à un autre le soin de vous conduire dans sa vérité et de vous montrer sa voie; je ne vous demande qu'une chose : avec tout le vide de votre cœur et le poids de votre douleur, allez dans votre chambre solitaire et là, du plus profond de votre âme accablée, suppliez le Dieu dont vous doutez, priez-le, s'il existe, de se révéler à vous; il a dit dans sa Parole : « Approchez-vous de Dieu et il s'ap« prochera de vous. » Sur ce, il se leva et me quitta après m'avoir remis une brochure. J'avoue que ce bon procédé me toucha; un homme pour lequel j'étais un inconnu, auquel, par ma situation, j'aurais dû être indifférent, s'occupait de moi, pensait à moi en dehors de ma présence. Comme homme, il m'avait tout à fait conquis le cœur, par sa cordialité et ses manières; quant à ses exhortations, j'avais jusqu'ici été élevé dans un milieu trop indifférent pour qu'elles me fissent quelque effet; il m'avait demandé d'aller le voir, mais je ne pouvais m'y décider; autant j'aurais eu du plaisir à le revoir, autant je craignais d'avance ses conseils; mais de longtemps je ne pus oublier cette visite, ni le sentiment de joie sincère et pure qu'elle m'avait laissé entrevoir.

L'impression de cette visite fut plus profonde que je ne voulais me l'avouer; à tel point que, la fête de Négrin étant arrivée sur ces entrefaites, ce fut à contre-cœur que je m'y rendis, ne voulant pas manquer de parole à Eugénie, à qui j'avais promis d'y assister; j'y dansai, mais sans aucun plaisir; les *escottiches*, pour employer le langage de l'endroit, ne me disaient plus rien; Eugénie s'aperçut que je n'avais pas l'entrain ordinaire, mais elle ne me posa aucune question, et nous rentrâmes de bonne heure sans nous dire grand'chose.

A mon retour, je trouvai dans la cuisine une carte que m'avait apportée Philippe et qu'il avait laissée en mon absence; c'était une invitation à la *Fête de la jeunesse* de son *Association*, fixée à un dimanche de juin, soit quinze jours plus tard. Séance tenante, je résolus de ne pas y manquer, et, pour mieux tenir ma résolution, je courus chez Philippe lui demander de ne pas oublier de venir me prendre pour toutes les réunions composant cette fête chrétienne, que j'étais impatient de comparer aux fêtes dont j'étais rassasié jusqu'alors.

Le jour attendu se leva radieux, après une semaine de pluie; je ne pus m'empêcher de remarquer tout haut que c'était le jour de la fête de Saint-Albi, particulièrement courue, et qu'il y ferait cette année plus beau temps que l'année dernière, alors que je l'honorais de ma présence.

Philippe ne prit pas garde à cette réflexion plutôt déplacée, et nous voilà en route pour la réunion de prières des jeunes gens qui devait commencer la journée. Environ soixante-dix jeunes gens étaient là, et je reconnus parmi eux beaucoup d'anciens amis de l'école, et d'autres que j'avais connus depuis. Un pasteur étranger, suisse je crois, présida la réunion, qui me fit beaucoup d'impression; il y eut de beaux chants enlevés d'une voix mâle et puissante par toute cette jeunesse; il y eut aussi beaucoup de prières, simples, ferventes et sincères ; on sentait qu'aucun ne faisait cela par pose, mais il me semblait impossible que je puisse arriver un jour moi-même à m'exprimer comme eux. Il y a dans toute émotion sincère une contagion qui gagne même les plus indifférents ; or, j'étais loin d'être un de ceux-là ; je cherchais depuis peu la vérité, aussi la ferveur de ces nouveaux amis rayonna-t-elle sur moi. A l'issue de la réunion, je refis la connaissance de plusieurs ; je me laissai gagner par l'affection et la bonne camaraderie régnant parmi eux ; on me témoignait une sympathie, un intérêt auxquels le monde ne m'avait pas habitué.

Philippe avait voulu me prendre à déjeuner chez lui et je pus, une fois de plus, me rendre compte de la patience et de l'énergie qui lui étaient nécessaires pour être aussi bon fils dans un milieu si désordonné ; puis nous prîmes ensemble le chemin de l'*Oratoire;* je n'y étais venu qu'une fois, lors de la première communion de ma cousine Emma, un an auparavant, mais le souvenir de cette belle cérémonie ne s'était pas effacé de ma mémoire ; maintenant il y avait, si possible, plus de monde encore ; beaucoup de jeunesse, et il en arrivait toujours alors que la place commençait à manquer. Le culte commença à l'heure précise, et l'assemblée entonna d'une seule voix le psaume :

Rendez à Dieu l'honneur suprême,

que j'avais souvent entendu au temple national, mais que j'avais peine à reconnaître, tant il était maintenant puissamment enlevé ; après les prières de la liturgie, coupées des réponses de l'assemblée, et l'exécution d'un chœur que la jeunesse, en rangs serrés, fit monter d'une seule voix vers le ciel, le prédicateur prononça son sermon ; c'était un professeur de théologie de Montauban, très renommé, M. Bois, qui prit pour texte : « Nous prêchons Jésus-Christ, le Seigneur. » Le sermon fut long, mais on aurait entendu voler les mouches, et je n'en perdis pas un mot, car tout cela était nouveau pour moi et m'impressionnait fort ; mais le moment le plus beau fut sans contredit le service de communion qui suivit ; nombreux étaient les hommes et les jeunes filles qui s'approchèrent de la sainte table, au chant du cantique : *Toi dont l'âme est tourmentée* entonné verset par verset pendant les allées et venues des fidèles, et qui est devenu pour moi comme le *leit-motiv,* censément le *refrain,* de ma conversion. Philippe, M. Schlumberger et bien d'autres prirent part à la communion ; pour moi, je n'eus garde de me lever, mais je comparais intérieurement cette cérémonie, avec son sérieux et la foi des assistants, avec la seule semblable à laquelle j'eusse assisté dans ma vie, celle de ma première communion, avec l'indifférence des fidèles et d'un pasteur peu convaincu ; je comprenais enfin que, sous des formes presque semblables, il y avait vraiment deux religions ou deux conceptions d'une religion qu'il serait curieux d'étudier impartialement.

L'après-midi, nous nous dirigeâmes au *Rec d'en Blanc,* charmante châtaigneraie de la banlieue, où se tenaient, paraît-il, autrefois les assemblées des huguenots persécutés ; c'était un curieux spectacle de voir les nombreux groupes sillonner les routes et arriver sur l'emplacement choisi par mille sentiers divers ; de vieux paysans, qui semblaient avoir assisté à cette ère de persécutions, étaient au premier rang, appuyés sur leurs bâtons noueux ; beaucoup de femmes, d'enfants, et aussi de jeunes gens, puisque c'était leur fête spéciale ; la réunion me plut beaucoup, et au retour, le long de la route, je fis plus ample connaissance avec bien de ces amis que j'avais connus autrefois, mais qui avaient depuis, avec raison, choisi une autre voie que la mienne.

Je passe rapidement sur le banquet qui clôtura la fête, sur cette agape fraternelle qui me permit de constater à nouveau combien cette jeunesse savait s'amuser et rire honnêtement ; qu'il me suffise de dire que je confiai séance tenante à Philippe mon désir de revoir, avec lui si possible, M. Schlumberger, afin de causer sérieusement des questions si nouvelles qui m'obsédaient étrangement jour et nuit.

*
* *

Mon nouvel ami — je puis bien lui donner ce nom — habitait un petit appartement très simple dans une antique maison bourgeoise de la rue des Cordes ; prévenu à l'avance par Philippe qui m'accompagnait du reste, il nous avait réservé sa soirée et nous attendait tranquillement après souper ; nous entrâmes sans façon dans son bureau, sorte de pièce toute encombrée de livres et de cahiers, et aussitôt son accueil cordial me mit de suite à mon aise ; je crois encore le voir ; il me demanda mes impressions sur la fête récente, puis parla longuement de ses espérances et de ses désirs ; il commença par définir ce que doit être le moral de l'ouvrier : « Rien n'est plus beau que le spectacle d'un ouvrier qui, par toute une vie de courage et de probité, a donné à sa parole une telle valeur que cette seule garantie vaut pour ceux qui le connaissent tous les contrats et toutes les hypothèques du monde. Croyez-moi, le jour où, dans notre France, les jeunes gens pieusement élevés dans la serre chaude de la famille jetteront les yeux sur la multitude de ceux qui se perdent dans les abîmes du doute et de la négation ; le jour où, sortant de leur torpeur, ils formeront de leurs corps une digue dressée devant la marée montante du vice et du péché ; le jour enfin où, levant bien haut le lumineux flambeau de l'Évangile, ils s'en iront tendre la main à ceux qui s'enfoncent toujours plus dans les flots du désespoir..., ah ! ce jour-là, je crois que bien des choses iront mieux sur cette terre, et nous pourrons alors compter sur un relèvement profond de notre bien-aimée patrie ! »

Il me posa amicalement quelques questions sur mon éducation religieuse ; je rougissais de mon ignorance en lui répondant, je balbutiai que la Bible était obscure et que je ne la comprenais pas. « Ah ! dit-il, ce ne sont pas les obscurités de la Bible qui nous gênent, ce sont ses clartés. Elle n'est que trop claire, à notre gré, quand elle nous parle du péché. » Et sur sa question de savoir si j'avais une Bible, et après que je lui eus répondu affirmativement, il me donna deux livres que je veux mentionner ici, car ils ont exercé une influence décisive sur le cours de ma vie : *Les Oui... mais... de mon fils* (Ziegler) et *Le Chemin qui mène à Dieu* (Moody). Quand, à la fin, il me pressa de m'abandonner à Dieu avec insistance, me disant de tomber à genoux pour lui demander pardon de mes péchés, mes larmes étaient près de couler.

Dès ce jour, je fréquentai régulièrement l'*Association;* de plus, le dimanche, je passais chez Philippe et nous allions ensemble à l'Oratoire; pas une fois l'idée ne me vint d'aller au culte dans le temple où j'avais été élevé, ou, du moins, censé l'avoir été. J'apportais un cantique et ne craignais pas de mêler ma voix aux chants si beaux de l'assemblée; je me découvrais de la voix, et il me valait mieux l'employer ainsi qu'à ressasser les ineptes refrains des cafés de la route de Navès ou de celle de Roquecourbe, à Castres; en outre, je pris plaisir aux réunions de l'*Association,* fréquentant la chorale, la gymnastique et les réunions du mercredi. Je sentais néanmoins combien ma nouvelle foi était encore chancelante et peu éclairée, aussi je demandai à M. Schlumberger de m'autoriser à aller de temps en temps chez lui éclaircir certaines obscurités et m'affermir dans mes résolutions; il y consentit de suite et j'eus ainsi l'occasion de travailler toujours plus à mon salut.

Je me souviens du soir où, après un entretien des plus émouvants, je criai à Dieu pour la première fois; dans la chambre de mon ami, sous le coup d'une émotion des plus vives, je demandai au Seigneur de me changer complètement et de faire de moi un de ses enfants, lui disant que c'était là mon plus ardent désir; pendant que j'étais à genoux, je me sentais pénétré d'une joie telle qu'aucun homme ne peut ni la donner ni la décrire.

C'est de ce jour-là que je crois pouvoir faire dater ma conversion, la *conversion* dont Tolstoï a pu dire que désormais on a à droite, en marchant, ce qui était à gauche, et à gauche ce qui était à droite; c'est le chemin de la vie en sens inverse, on aime ce qu'on détestait et on déteste ce qu'on aimait; c'est alors que j'appris que par le christianisme seul on voit des mères garder la divine espérance, même en fermant pour jamais les yeux terrestres de leurs petits enfants; des époux, des frères, des amis, se donner rendez-vous dans le ciel avec une sérénité tranquille, des pécheurs se frapper la poitrine, des buveurs renoncer à la boisson, des débauchés à la débauche, des jeunes gens, des jeunes filles se consacrer à Christ dans leur grâce et leur vigueur.

Un désir soudain m'avait pris de lire dans la Bible que je n'avais pas ouverte depuis des années; elle reposait dans un coin obscur de mon armoire; je la feuilletai et chaque page me parlait maintenant un langage que je comprenais; je pris des résolutions : celle de lutter contre mes défauts afin de parcourir ma voie d'une manière irréprochable; celle d'aimer mes frères et de leur être utile; celle de remplir mon devoir dans le monde de sorte que, lorsque je fermerai les yeux, je puisse me dire que je n'ai pas vécu en vain, moi, simple ouvrier, devant Dieu et devant les hommes ; celle surtout de me donner complètement au Christ vivant et de ne vivre que suivant son inspiration.

J'allais souvent chez M. Schlumberger et je me sentais peu à peu à l'aise chez lui, ma défiance des premiers jours disparaissant ; quand je sortais de chez lui, à une heure souvent tardive, je songeais à la gravité des premières heures de la jeunesse, où l'homme prend son pli, dont lui-même et tant d'autres près de lui devront porter les conséquences. Le monde frivole n'y prend point garde, affecte de tenir pour légères les fautes qu'il commet à cet âge, quand toute sa vie n'en est qu'une lamentable suite. Qui s'en inquiète? Qui l'avertit? Qui vient en aide à son inexpérience? Quel secours trouvent tous ces jeunes gens hors de ces appuis qui existaient à Mazamet et que je méprisais d'avance sans les connaître ?

Je profitai de la bienveillance de M. Schlumberger pour lui demander quelques éclaircissements sur certains points encore obscurs pour moi, tels que les divisions entre protestants et l'existence de plusieurs cultes à Mazamet; il me répondit par des renseignements clairs et satisfaisants, exempts de la moindre étroitesse, et que je vais tâcher de résumer de mon mieux.

Les Églises protestantes de toutes dénominations : calvinistes, luthériennes, anglicanes, méthodistes, etc., sont généralement ce qu'on appelle des Églises évangéliques, c'est-à-dire qu'elles sont fondées sur l'inspiration et l'autorité des Écritures, sur la divinité de Jésus-Christ, Fils de Dieu, et sur les faits de l'histoire sainte rapportés dans la Bible.

Celles de ces Églises qui sont rattachées à l'État, dans les diverses contrées de l'Europe, sont trop gênées par ce lien pour exercer dans leur sein la plus élémentaire discipline, et plusieurs d'entre elles, attaquées par la libre-pensée matérialiste, ont vu ces doctrines néfastes, non seulement répandues parmi leurs fidèles, mais officiellement installées dans les chaires; il se trouve des pasteurs qui ne craignent pas de conserver ce titre et d'exercer leur charge dans des Églises chrétiennes pour y prêcher et y enseigner le contraire de la doctrine des Églises et des croyances des fidèles; plusieurs d'entre eux sont des incrédules notoires, manquant en plus de la loyauté la plus élémentaire, qui leur commanderait de se démettre d'une charge qu'ils n'ont plus le droit de remplir, puisqu'ils ont perdu la foi; le nombre de ces pasteurs, dits *libéraux*, est beaucoup plus restreint que celui des évangéliques, et certainement il décroîtra encore si les puissances comprennent de plus en plus que leur devoir est de ne plus reconnaître aucune Église comme nationale ni d'en salarier des pasteurs, qui sont, trop souvent, de simples fonctionnaires se contentant d'aller toucher leur rente chez le percepteur, en échange de l'enseignement d'une foi qu'ils ont abandonnée.

En France — puisqu'il s'agit de notre patrie — l'Église réformée souffre de cet état de choses; à

Mazamet, notamment, la majorité des protestants a nommé des pasteurs libéraux; qu'ont fait alors les fidèles évangéliques? Mettant en pratique la leçon du jugement de Salomon, ils ont préféré, eux, les fils authentiques de l'Église, sortir du temple qu'ils avaient bâti de leurs mains, établir leur culte ailleurs, dans la paix et dans la liberté, plutôt que d'être témoins plus longtemps des scandales qui n'ont que trop duré, savoir : les batailles électorales et les insultes indignes que les pasteurs libéraux se plaisaient à adresser à la Bible, au Sauveur et aux croyants, chaque fois que leur tour venait d'occuper la chaire.

La séparation venue, chaque tendance s'est affirmée et développée suivant ses principes; il serait cruel d'insister sur les résultats et de parler de l'arbre qu'on reconnaît à son fruit; néanmoins, le parti libéral, privilégié par les subsides de l'État, vit artificiellement; la séparation des Églises et de l'État, qui paraît prochaine, mettra les choses au point.

Quant à l'Église libre, la *chapelle,* comme l'on dit, elle est le produit d'une première scission qui a eu lieu en 1848 pour protester contre l'envahissement des libéraux; sa foi est la même que celle de l'Église réformée, et il est à espérer que la prochaine suppression du Concordat consacrera la fusion des Églises évangéliques de France en un seul faisceau.

A la suite de ces intéressantes et utiles conversations, M. Schlumberger me remit un livre récent, dû à un libéral éminent : *Le Protestantisme libéral,* par Jean Réville, qui me confirma absolument et même dépassa par sa franchise ce que lui-même m'avait dit de cette doctrine; M. Schlumberger ne me pressa pas du reste pour me rattacher à l'Église de l'Oratoire; quoiqu'il y fût lui-même très attaché, il avait un trop grand respect de la conscience des autres pour vouloir la violenter; mais il m'exposa franchement les situations et les doctrines; je n'hésitai pas un seul instant à me prononcer, j'avais du reste été témoin moi-même de la vérité de ce qu'il avançait, et je me décidai, après avoir assisté plusieurs fois à ce culte, à aller trouver le pasteur de l'Oratoire pour lui demander de me considérer comme de son Église; je regrettais une chose : c'est qu'il se trouvât à Mazamet trop d'ignorants, d'aveuglés ou d'incrédules pour rester volontairement dans une Église dite libérale, qui veut conserver le titre de chrétienne, alors qu'elle a perdu toute foi au Christ.

Malgré que je tinsse peu de rang dans la hiérarchie sociale, cela ne se passa pas sans faire quelque bruit; on fut très étonné que je cessasse d'aller au café par habitude et sans nécessité, que je parusse n'avoir plus aucun goût pour les plaisirs que recherchent les jeunes gens de mon âge; en outre, mes parents eux-mêmes s'émurent, m'ayant excusé jusqu'à ce jour de n'avoir pas eu de religion du tout, mais ne comprenant pas qu'un jeune homme pût s'abrutir au point de changer d'Église; incrédule, c'est bien, mais orthodoxe, c'est trop fort. Ce ne fut pas tout, les sphères ecclésiastiques libérales secouèrent enfin leur torpeur et daignèrent, pour la première fois, s'occuper de moi, non par intérêt, mais pour éviter une blessure d'amour-propre froissé;

je reçus de ce milieu un livre que je lus avidement jusqu'à la dernière ligne : *Autour de mes vingt ans, journal d'un jeune Cévenol,* qui raconte la conversion (?) toute morale d'un jeune homme ; c'était là l'exemple qu'on me proposait, et malgré mon désir de juger le volume avec faveur, je dus reconnaître que si je n'avais eu que cette froide morale pour levier de ma conscience, je n'en serais pas où j'en suis ; cette doctrine, qui se marie très bien avec celle de M. Réville dans son livre précité, était bien celle du libéralisme par excellence, terne, tiède, incolore et impuissante ; je doute qu'elle forme jamais des apôtres ; je dis cela sans aigreur et sans étroitesse, jugeant impartialement, et même reconnaissant envers les personnes qui m'ont fait passer ce volume dans une bonne intention, à leur point de vue.

Au milieu de ces pensées si sérieuses, je songeais à ma pauvre grand'mère qui, si elle avait vécu six mois de plus, m'aurait été d'un si grand secours pour m'aider à me conduire dans ma nouvelle vie. Plein de son souvenir, il me prit fantaisie, un dimanche de juillet, d'aller jusqu'au cimetière où elle repose paisiblement. C'était un dimanche ensoleillé ; je montai la colline du champ du repos, dans le calme et la paix de la ville endormie dans la grosse chaleur ; les mouches bourdonnantes voltigeaient autour de moi, et de la cité reposée montait un vague murmure. Arrivé au faîte de l'allée principale, je découvris la ville avec ses grandes cheminées d'usines, ses clochers et ses bouquets d'arbres, et plus loin la verdoyante parure des prés et la multitude des petites cités industrielles, tachant d'un point sombre et noirci la verdure environnante. Il y avait là un calme profond que troublaient seulement de rares promeneurs ; j'eus vite fait de découvrir la tombe de ma grand'mère clôturée d'une barrière de bois noir, parsemée de hautes herbes, et surmontée du nom tracé en peinture blanche. Doux moment de repos et de paix qui me fait désirer reposer un jour, moi aussi, dans cet enclos, si un Dieu clément ne m'envoie pas mourir au loin, au régiment ou en voyage, dans tout l'inconnu qui attend un pauvre ouvrier de dix-huit ans.

Le dimanche suivant, ce fut vers la croix qui surmonte notre grande montagne que je décidai de porter mes pas ; je partis, en sortant du culte, avec Philippe et un de ses amis que j'avais connu à l'école, garçon boulanger de notre âge qui répondait au nom de Farenc Albert et était membre de l'*Association ;* Il était fort et vigoureux, aimant les manifestations extérieures, de ceux toujours disposés à recevoir des horions pour leur foi, alors même que l'on pourrait désirer en eux plus de cette piété qui est l'essence du chrétien ; et pourtant, dans ce siècle de lâcheté et d'abaissement des âmes, ces caractères ont leur mérite, surtout quand leur grande docilité permet de les éloigner du mal et de les diriger prudemment vers le bien. Pour moi, j'étais toujours heureux de faire des connaissances conformes à mes nouvelles idées et je sus gré à Philippe d'avoir amené Albert.

Nous grimpâmes doucement sur la montagne, à travers les châtaigniers ; la ville se rapetissait à nos yeux, le bruit des rues s'affaiblissait à mesure que nous montions; arrivés au sommet balayé par le grand vent, nous contemplâmes la vue superbe qui se déroulait à nos regards, le panorama de la ville, les champs, les villages des alentours, et les montagnes bleutées s'étageant à perte de vue; vraiment il faisait bon rester là-haut, loin des soucis de chaque jour, avec ces beaux paysages de notre région sous les yeux; au-dessus de nous, le signe sacré de la rédemption étendait ses vastes bras secoués par le vent, tandis que nous songions tous trois à la miséricorde infinie du Sauveur qui nous avait tirés du néant et de la mort pour nous amener vraiment pour l'éternité au pied de sa croix.

*
* *

A l'atelier, la nouvelle orientation de ma vie ne passa point inaperçue, mais on n'y porta pas l'attention que j'aurais cru; du reste, dans mon travail, rien n'était changé; je m'en acquittais maintenant comme auparavant, évitant de jurer; j'avais seulement l'air plus heureux et les camarades le lurent vite sur mon visage; il est vrai que j'avais pu me convaincre qu'il est de règle dans la vie qu'à un plaisir succède l'ennui; l'ennui est la rançon de la joie, et ceux qui ont joui de tous les plaisirs ont rarement l'air heureux; j'avais été de ceux-là; je n'en étais plus maintenant.

Peu après, je pris la résolution de refaire mon instruction religieuse qui autrefois avait été nulle et par la doctrine qu'on m'enseignait, et par la dissipation que j'y apportais; je m'en ouvris à M. Schlumberger qui m'approuva fortement et m'offrit les livres nécessaires. Je me mis aussitôt à l'étude, tous les soirs sans exception, sous les yeux ébahis de mon père. Je me servis essentiellement du *Catéchisme populaire,* de M. Decoppet, et du *Manuel pour catéchumènes,* de M. Bordier; ce furent là mes deux livres d'études proprement dits; très clairs, très bien ordonnés, ils m'ont été d'un grand secours; je lus ensuite, avec le plus grand profit, trois volumes qui sont devenus mes livres de chevet : *Notre Destinée,* par Albin Lafont, le *Livre du jeune homme,* et *Jeune homme et catéchumène.* Il n'est point nécessaire d'être catéchumène pour lire ces excellents volumes, et encore aujourd'hui j'en fais une lecture quasi quotidienne. Qu'il me soit permis, en passant, de dire combien il est triste que tant de jeunes gens, la plupart du temps par leur faute, quelquefois par celle d'un pasteur, reçoivent une instruction religieuse si négligée; ils sont trop jeunes peut-être, mais comment y en a-t-il si peu qui comprennent plus tard la nécessité de se compléter sur ce point? Pour tout jeune homme, l'instruction religieuse marque une sorte de bifurcation, dont peut dépendre la direction définitive de sa vie, vers le bien ou vers le mal, suivant la manière dont aura été fait l'aiguillage; il suffit parfois d'une légère impulsion, dans un sens ou dans l'autre, pour tout décider. Il y a, à la sortie de l'école, une réaction inévitable tellement forte, tellement inhérente au jeune âge, qu'aucun moyen humain ne peut la faire éviter. Et, au point de vue intellectuel, jeune, ardent, le jeune ouvrier veut aussi penser. Que lira-t-il? D'abord ces journaux à un sou, dont le mensonge perpétuel est fait pour détraquer une intelligence ; il cherchera en vain un conseiller, un ami instruit ; il suivra peut-être les cours d'adultes ; mais l'ouvrier en qui s'éveille, à seize ou dix-sept ans, cette maladie sacrée, le goût de la pensée, est livré sans défense au fanatisme d'une idée extraordinaire, d'une seule idée. La première venue peut-être le prendra pour la vie et, comme un roi nègre se fait un diadème avec certains débris de parures françaises, il se compose un système à lui. « La fortune m'ôtant le moyen d'acquérir, dit Proudhon, je voulus, un jour, des lambeaux ramassés pendant mes courtes études, me créer une science à moi tout seul. »

A ce moment, je cessai tout à fait de sortir en compagnie de mes anciens camarades de plaisir, avec lesquels je courais les champs ; je l'ai fait après bien des hésitations ; j'ai rompu notamment avec Édouard ; c'était un charmant garçon, mais son influence était mauvaise ; je l'avais pris quelquefois à l'*Association*, mais il n'y venait qu'à contre-cœur ; il n'avait aucun désir de vie spirituelle, ne comprenant pas ce que c'est, le sens du divin n'ayant jamais été éveillé en lui ; cette rupture me coûta beaucoup, mais elle était nécessaire. Mon dimanche eut désormais son emploi fixe : la matinée employée soit à l'atelier, quand c'était nécessaire, soit à aider mes parents à la maison ; à midi le culte, à deux heures promenade avec

Philippe, Albert ou quelque autre, ou séance à l'*Association,* s'il pleuvait ; de cette façon je passais au mieux une journée que je n'employais autrefois que trop mal ; je tenais surtout à ne pas manquer le culte, préférant quelquefois, quand j'étais retardé à l'usine pour des travaux pressants dans la matinée, me rendre à l'Oratoire en mauvaise tenue de travail, plutôt que d'y manquer ; c'est que je recevais là la force nécessaire pour me maintenir pendant le reste de la semaine dans mes dispositions ; chaque sermon m'ouvrait de nouveaux horizons sur la vie chrétienne en me montrant la voie à suivre ; je me suis toujours senti plus faible après avoir manqué quelques services.

Je crus enfin de mon devoir de me faire présenter comme membre actif à l'*Association ;* je remplis ma feuille, prenant comme parrains M. Schlumberger et Philippe, et quelques jours après le *Bulletin mensuel* m'apprenait que j'avais été agréé par le comité ; je me considérai dès lors comme de la famille et pris à cœur, non seulement de profiter de tout ce qui pourrait m'être utile, mais aussi de rendre moi-même à l'œuvre tous les services dont j'étais capable.

Je commençai par fréquenter plus que jamais les réunions religieuses ; j'y ai passé des heures bénies, des moments inoubliables qui devenaient dans ma vie spirituelle comme autant d'étapes bénies pendant lesquelles je puisais largement à la source des eaux vives.

J'usai largement des livres de la bibliothèque, admirablement pourvue sous tous les rapports ; j'aimais depuis longtemps la lecture, et j'avais toujours eu l'intention de me former chez moi une bibliothèque particulière. Comment me procurer des volumes? Les *picaillons* ne m'avaient guère manqué jusqu'ici et si je n'étais pas allé les dépenser bêtement, j'aurais pu acheter un ou deux volumes par mois; je réfléchis à cette idée, et, en attendant, profitai de la bibliothèque où je trouvais tout, depuis le Manuel du serrurier jusqu'aux romans de Walter Scott.

Je me fis inscrire d'une façon définitive comme membre actif de la section de gymnastique *l'Hautpouloise;* jusqu'alors je n'avais pas fait d'autre exercice que la bicyclette, mais j'étais grand et fort pour mon âge et je pensais que la gymnastique ne pouvait me nuire; dans les affaires comme dans n'importe quel métier, un homme qui veut réussir ne doit pas négliger de cultiver ses forces physiques, car l'individu maladif est vaincu dans la lutte pour la vie. En effet, l'homme dont le corps est faible, quelque bien doué qu'il puisse être d'ailleurs, manque du levier nécessaire pour accomplir ce que d'autres peuvent faire aisément, grâce à leur plus grande endurance.

Qu'y a-t-il de plus beau à contempler dans ce monde qu'un jeune homme dans toute la vigueur et l'élan de la virilité, ayant de larges épaules, une poitrine bien développée, des muscles forts et un front intelligent? Il est un vrai fils de Dieu et il a devant lui toutes les promesses d'une vie longue et utile; il faut aussi, à l'heure actuelle, des chrétiens solides qui fassent honneur à l'Église et dont on ne puisse pas dire qu'ils sont vertueux par impuissance.

Les protestants ne doivent-ils pas être toujours les premiers en ce qui concerne l'éducation? Et qu'on ne crie pas au surmenage ou aux imprudences; l'absinthe, le tabac, les excès et la débauche ont tué plus de jeunes hommes que l'usage ou même l'abus des exercices physiques; la gymnastique fait des hommes, et chaque jeune homme, chaque ouvrier même, devrait posséder chez lui tout au moins une paire d'haltères, si faciles à se procurer. La force physique est le bien propre de l'ouvrier, que peuvent lui envier les riches, mieux nourris et souvent plus maladifs.

Je me mis aussi de l'orphéon et de la section des clairons de gymnastique; décidément, j'avais toutes mes soirées prises, mais je les passais toutes bien agréablement, au moyen de ces exercices aussi variés qu'utiles; les chœurs appris les premiers sont encore présents à ma mémoire: *Les Paysans, Les Martyrs aux Arènes, Le Départ des Compagnons*, etc.

Philippe m'avait parlé d'un jeune homme du Bousquet, Raynaud Jean, qui se mourait de la poitrine à vingt ans; il avait sur lui une lettre vraiment touchante que ce jeune homme venait d'écrire à un ancien camarade de catéchisme pas trop sérieux; cette lettre d'un jeune cultivateur mourant est trop admirable pour que je n'en cite pas ici quelques lignes:

« Bien cher Émile, — Ta maman m'a raconté hier l'amitié que tu me portes, ce qui m'oblige à t'écrire quelques mots pour te donner mes conseils les plus chers et les plus précieux... Mon bien cher Émile, je t'écris comme si tu étais mon frère, c'est pourquoi supporte-moi si tu me trouves un peu trop sévère, mais vois-tu, je ne crois pas que tu sois passé par la porte de la conversion, c'est pourquoi je te donne des indications pour aller à cette porte... Je puis te dire qu'il fait bon se confier en Christ, que je suis heureux dans mes moments de faiblesse ou vomissements de sang, quand je sens ses bras qui me soutiennent et la joie qu'il met dans mon cœur. O mon cher Émile! crois-tu que de s'attacher à Dieu soit une simple faiblesse d'esprit? Non, pour moi, et pour toi aussi, je l'espère, c'est tout ce que je recherche, c'est la seule chose qui occupe mes pensées. Je ne t'écris pas plus long, car je suis fatigué. Ton ami qui t'aime. J. R. (Au crayon.) Hier samedi j'ai vomi de nouveau beaucoup de sang, environ deux assiettes; tu comprends que si cela continue je ne suis pas pour longtemps ici. — Gloire à Dieu! »

Je m'apprêtais à aller le voir le dimanche suivant, quand j'appris sa mort, dans les dispositions admirables qu'annonçait la lettre rapportée. Il était membre actif de l'*Association* et, à ce titre, je fus invité à assister aux obsèques. Simples et dignes, elles m'ont laissé, comme toutes celles de nos cérémonies protestantes où le défunt et les survivants ont *la foi,* une impression durable; la pièce dans laquelle j'entrai était assez sombre, car on avait à demi clos les volets; on mettait le corps en bière, puis le pasteur fit une touchante prière; au cimetière, après que les amis du camarade disparu eurent chanté un cantique d'espérance et d'adieu, le pasteur lut une admirable poésie religieuse de ce pauvre jeune homme, composée sur son lit de maladie :

Chant de l'Enfant de Dieu sur le seuil de l'éternité

Est-ce la mort qui pas à pas s'avance
  Pour m'enlever tout soutien ?
Est-ce la mort qui suspend ma souffrance,
  O mon céleste gardien ?
Si c'est la mort, mon âme languissante,
Prendra son vol et, sans nulle épouvante,
Verra son Dieu selon sa ferme attente.
  Oh ! tout va bien, tout va bien !

Encore un pas et je quitte la rive,
  Mais je ne redoute rien !
Encore un pas, et la lutte si vive
  Cessera pour le chrétien !
J'ai l'assurance d'un bel héritage;
Mon espoir en est sur le pilotage
De mon Sauveur qui m'attend au rivage.
  Oh ! tout va bien, tout va bien !

N'ayez pour moi, bien-aimés, point de larmes,
  Car votre Père est le mien !
Et du péché, cause de tant d'alarmes,
  Christ a brisé le lien.
Plus d'aiguillon, la mort n'est plus à craindre,
Nul ennemi ne saurait plus m'atteindre;
Dans les hauts cieux oserez-vous me plaindre ?
  Je vais chanter : Tout va bien !

Mon front se teint d'une pâleur mortelle;
  Amis, regardez-moi bien !
Les flots sont là, mais le Sauveur m'appelle...
  Jésus m'appelle sien.

Je suis à Lui ; pas le plus léger voile
Ne me dérobe un rayon de l'Étoile
Qui me conduit. Brises, enflez ma voile !
Oh ! tout va bien, tout va bien !

Saints, accordez tous vos harpes de gloire
Pour un céleste entretien :
Je vais bientôt raconter mon histoire
Comme un humble concitoyen.
Je vois déjà les anges de lumière ;
Je les entends et leur voix familière
Me dit tout bas : tu vas quitter la terre ;
Tout va bien, oui, tout va bien !

Écoutez tous, l'appel se fait entendre ;
Christ, mon Sauveur, a dit : Viens !
Je viens, Seigneur, t'adorer et te rendre
Gloire, car je t'appartiens !
Frères aimés, au revoir, qu'on entonne
Pour mon départ un beau chant qui résonne,
Pendant qu'au ciel je reçois la couronne
Que le Seigneur donne aux siens !

*
* *

Ce fut à ce moment, en novembre, que je changeai d'atelier ; depuis le 1er janvier, je gagnais deux francs vingt-cinq ; au même salaire, j'entrai chez un mécanicien de la ville, ce qui me permettait d'être, le soir, plus libre que par le passé, pour aller à l'*Association*.

J'étais censé être passé *ajusteur*, mais, en ville, je faisais un peu de tout ; je travaillais assez souvent au dehors ; après avoir garni mon sac des outils nécessaires : pinces, tenailles, vilebrequin, des mèches, une fraise, des vrilles, je partais, le pas léger, en compagnon de ville, la chanson sur les lèvres et souvent une violette à la bouche ; le bon ouvrier ne doit jamais être gauche sous sa veste de travail ; il doit la porter avec aisance, donc avec cachet; elle lui va et il doit s'y trouver à l'aise ; pourvu qu'elle soit propre, il l'aime et il y tient, comme l'on fait dans la vie de toutes les choses utiles que l'on a l'habitude d'employer. Il me semble aussi que le bon ouvrier, tout en faisant son travail, ne doit pas dédaigner l'entretien amical ou familier; il ne doit pas être embarrassé, quand il rencontre quelqu'un de bien mis et qu'il connaît, d'aller à lui et de le saluer.

Il m'arrivait aussi d'avoir à monter plus souvent qu'à mon tour dans les usines de la gorge ; je m'y vois encore, à cinq heures du matin, par un froid souvent glacial, parcourant le long faubourg de La Resse, puis la route interminable, sillonnée des groupes pressés de travailleurs. Pour me donner du courage, je chantonnais quelques refrains de nos cantiques :

Jeunesse ardente et généreuse
Que rien n'effraye et rien n'abat,
Comme une élite valeureuse
Lève-toi pour le bon combat !

ou :

Travaillons et luttons
Nous sommes au Seigneur.....

ou encore le refrain de marche de *l'Hautpouloise :*

Armons-nous, enfants, pour la patrie,
Armons-nous, en cas d'hostilité,
Nos jeux guerriers à la France chérie
Garantiront sa liberté !

Tout en travaillant de mon mieux dans la journée, je ne me trouvais jamais fatigué pour me rendre le soir à l'*Association*. A ce moment-là, en décembre, je me préparais de mon mieux à la communion de Noël, qui devait, par le fait, être ma première communion, puisque consément l'autre ne pouvait compter. M. Schlumberger m'avait remis une petite brochure éditée par l'*Association* et qui m'éclaira singulièrement sur la question. Que de faux jugements sur la sainte Cène ! Les quelques libéraux qui communient encore ne voient dans cette cérémonie que le fait égalitaire qui réunit autour de la même table les riches et les pauvres ; bien des gens pieux y voient un brevet de sainteté décerné forcément à celui qui a le plus de dévotion extérieure ; la brochure en question, intitulée *La sainte Cène,* remet simplement les choses au point et dit ainsi : « Beaucoup regardent la sainte Cène comme la récompense d'une piété affermie ou comme la profession d'une sainteté particulière ; en conséquence, ils ne se trouvent jamais assez bons, assez pieux, assez fervents, assez irréprochables pour communier. C'est une erreur, car la sainte Cène est au premier rang parmi les *moyens de grâce;* or, qui dit moyen de grâce dit aussi qu'on doit y recourir *avant* d'être affermi et *pour* le devenir. »

Par le fait, nous n'avons que trois moyens de nous sanctifier : prier, lire la Bible et communier; ce dernier peut être aussi une manifestation de la foi et un témoignage personnel; à ce point de vue, à moins d'un triste état d'âme, c'est un devoir absolu, pour le chrétien sincère, de s'approcher de la table sainte les jours de fête.

Je m'estimais donc heureux de pouvoir, à la suite de ma conversion, profiter de cette faveur, et à Noël de cette même année, j'eus le privilège inestimable de prendre la communion en véritable connaissance de cause, dans la faiblesse de ma foi, mais dans l'espérance de la miséricorde infinie de Dieu. Ayant passé par la tentation, le péché, le doute, la souffrance et la misère, je signifiais par là mon retour à Celui qui m'a tant aimé, par ce symbole de la plus auguste des institutions. Je ne sais rien de plus solennel que ce défilé silencieux ou entrecoupé de cantiques et de paroles de l'Évangile de toutes ces âmes pécheresses, sentant leur misère, toutes coupables, mais toutes aussi pardonnées en fondant leur suprême espérance en la personne de Jésus mort et ressuscité ; c'est un avant-goût de la vision du voyant de l'Apocalypse, de la multitude que personne ne pourra compter, de toute nation, de toute tribu, de tout peuple, de toute langue et dont les robes ont été blanchies dans le sang de l'Agneau.

*
* *

L'hiver puis le printemps se passèrent dans l'ardeur de mon premier amour ; j'étais plein de zèle et de feu, un je ne sais quoi intérieur m'empêchait de reculer ou de diminuer mon activité ; je me vois encore à ces vivantes réunions d'appel au Bousquet ou à Rigautou, distribuant les numéros du *Relèvement*, à cet arbre de Noël de l'Oratoire que j'aidai à garnir et à allumer, à celui que nous fîmes à Hautpoul cette année-là avec le concours de jeunes filles dévouées.

Puis le temps vint où je me relâchai quelque peu, la saison d'été étant moins propice à l'activité religieuse ; je m'en voulais de ne plus apporter la même ardeur aux choses auxquelles je commençais à m'habituer ; les conditions de mon travail avaient changé ; je gagnais maintenant deux francs cinquante, mais j'étais curieux de voir du pays et de sortir un peu de Mazamet ; M. Schlumberger, malgré son regret de me voir partir, me le conseillait pour mon instruction professionnelle ; j'avais l'espoir que ce voyage serait pour moi un stimulant énergique et je tâchai d'en avancer la date ; mes parents ne tenant pas à me voir partir en plein été, j'en ajournai la date en septembre et, le 20 de ce mois, après avoir revu mes camarades de l'*Association* en une dernière soirée et quitté plus gaiement ceux de l'atelier, je me mis en route pour l'inconnu, par un triste temps, précurseur de l'hiver, image de la tristesse, de la solitude et de la désolation.

II

Je me mis en route, pour mon tour de France, le 20 septembre 1896; c'était là mon premier voyage sérieux; jusqu'à ce jour je n'avais pas dépassé Vabre, où j'avais accompagné mes parents pour toucher le petit héritage d'un vieil oncle célibataire, ou Castres; je m'élançais dans l'inconnu, un peu triste, mais confiant, la santé au corps, curieux de voir le monde et de me perfectionner dans mon métier; c'est tout de même un moment émouvant entre tous que celui du départ du jeune apprenti, un peu tremblant d'affronter le grand inconnu qui s'ouvre devant lui. Je m'aperçus vite, du reste, qu'il est nécessaire de changer de vie pour apprécier justement les bons côtés de sa vie ancienne.

Ma mère me conduisit à la gare; c'était notre première séparation; que de vœux, que de baisers, que de recommandations, que de promesses! Il fallut enfin se séparer, et malgré mon calme affecté, je faillis sangloter quand je me vis seul dans le wagon; le sifflet se fit entendre et le train s'ébranla, puis disparut à la vue de Mazamet.

Établi dans mon coin, enveloppé dans ma vieille pèlerine, bercé par les cahots et par le bruit assourdissant du train en marche, je ne tardai pas à m'endormir sur les bancs du wagon de troisième classe qui m'hébergeait. Un courant d'air froid me réveilla subitement, et je me vis dans les grandes gorges d'Olargues, splendides à la nuit tombante ; la plupart des voyageurs sommeillaient dans diverses postures ; il y en avait même qui ronflaient de tout leur cœur, et moi je songeais..... Maintenant je m'étais envolé dans le monde, le vaste monde ; oui, je m'en allais à travers la nuit, à travers les villages et les villes, à travers les plaines et les montagnes, toujours plus loin de tout ce que je connaissais, de tout ce que j'aimais.

Quelle douleur et quelle joie ! Je m'enveloppai étroitement dans mon manteau ; je joignis les mains et suppliai mon Dieu de me garder en sa présence et de me donner la force de parcourir honorablement ma carrière.

J'avais moi-même fixé mes étapes, dont la première devait être Bédarieux ; arrivé à la nuit, chargé de mon petit baluchon, je me rendis chez la *mère* m'enquérir d'un patron à aller trouver le lendemain ; elle m'en enseigna un, moyennant la seule promesse de faire la dépense chez elle si j'étais embauché.

Je ne réussis pas dans mon dessein et passai la journée du lendemain à chercher de l'embauche, mais sans succès ; je pus, par contre, visiter bien la ville ; il s'y trouvait de vastes usines fermées, à demi ruinées ; à leurs longues rangées de fenêtres, probablement peuplées jadis, pas une tête ne se montrait, elles restaient closes et aucun bruit n'en sortait ; dans l'une d'elles je pus pénétrer ; on aurait dit un tombeau ; les grilles étaient toutes rouillées, les courroies de transmission dessinaient leur *huit* immobile dans le vide, les machines étaient couvertes de poussière, les rubans de cardes se rouillaient, les énormes bielles des machines s'allongeaient comme un géant couché paralysé ; plus d'échappement de vapeur, de panache blanc ou noir aux cheminées, plus de ronflements de travail et de chants joyeux d'ouvriers ; rien que le calme plat, et en sortant de cette nécropole, je me dis que Mazamet aurait peut-être un jour ce sort et deviendrait une vaste cité déserte.

Je quittai le lendemain Bédarieux pour Montpellier, où je trouvai une place, quoiqu'elle ne me convînt pas beaucoup ; j'étais chez un mécanicien du faubourg de Lattes ; il avait trois ouvriers, à part moi qui étais le plus jeune ; j'étais un peu à tout faire et prenais pension chez le patron lui-même. Montpellier était une jolie ville, qui me convint bien, mais ses habitants pas autant : beaucoup de gens de ce pays-là avaient des mines de brigands et lorsque ces ouvriers, terrassiers ou autres, se rassemblaient à certaines heures, et surtout le dimanche matin, aux carrefours du boulevard et à la place du Théâtre, ils avaient l'air de comploter quelque mauvais coup.

Je ne fis pas de connaissance à Montpellier ; néanmoins, le premier samedi qui survint, je demandai au patron le temple pour le culte du lendemain ; il m'indiqua un grand et bel édifice près de la gare ; quand je m'y rendis, je crus m'être trompé d'heure, tant l'auditoire était maigre ; je reconnus vite que j'avais affaire à des libéraux dans le genre de ceux de Mazamet, aussi j'en sortis au plus tôt, bien résolu à me passer de culte plutôt que de revenir là, lorsque, dans la semaine, une aimable lettre de M. Schlumberger, arrivée bien à propos, m'indiqua la chapelle de la rue Brueys, où je me rendis dès lors régulièrement; j'avais trouvé ce que je cherchais et je fus fort satisfait d'avoir à ma disposition une église comme celle-là.

Je restai à Montpellier sans que rien vînt interrompre la monotonie de mon travail jusqu'à la Noël; à cette époque, le patron me prévint que le travail ne marchait plus, qu'il ne gardait qu'un ouvrier, et que j'eusse à chercher ailleurs : il me parla du reste d'un de ses parents, habitant une petite ville du côté de Tarascon, qui m'emploierait volontiers; je ne tenais pas à aller dans un si petit endroit, mais après avoir visité toutes les boîtes de la ville sans avoir réussi, je dus bien m'en contenter; le patron écrivit donc au personnage en question que j'y arriverais vers le 30 décembre pour commencer le travail avec la nouvelle année.

Eyragues — tel était le nom de ma nouvelle résidence — était un petit bourg de deux mille habitants du département des Bouches-du-Rhône, situé à neuf kilomètres de la gare de Graveson. Je trouvai vite la maison de maître Potichon, à l'entrée du village, dans un endroit assez agreste; mon patron faisait tous les métiers : serrurier, forgeron, maréchal, épicier, vente de cierges et de scapulaires, etc., mais, à vrai dire, il n'en exerçait aucun lui-même, se contentant de promener sa direction sur ses sous-ordres, chargés chacun d'une besogne distincte.

Il n'était pas là quand j'arrivai, mais j'étais attendu : une femme assez jeune, d'allure très avenante et coiffée avec soin, me fit signe : « C'est vous, le garçon ? Bien, venez, je vous montrerai votre chambre. » Elle entra et je la suivis ; elle ouvrit une porte au bout d'un corridor : « Voici où vous pouvez mettre vos effets et où vous coucherez », dit-elle en s'effaçant.

Elle me laissa et j'examinai le lieu où je me trouvais ; c'était une chambre étroite et longue, occupant un coin du rez-de-chaussée au couchant ; pour tous meubles un vieux lit de sapin jauni par le temps, avec une mince couverture grise, une chaise de paille et une petite table ; la fenêtre s'ouvrait sur un jardin contenant un rucher et quelques arbustes d'agrément.

Je sortis presque aussitôt pour aller faire un tour au village ; c'était un dimanche et il n'y avait rien d'intéressant à voir ; quand je revins au logis, j'y trouvai le maître de céans, rentré des vêpres où il venait de chanter au lutrin l'office dont il fredonnait encore la finale. C'était l'homme le plus dévot de la paroisse, et il le portait sur la figure ; avec son visage rasé, au teint glabre et blafard, surmonté de petits yeux, ses lèvres minces et son front déprimé, il était pour moi le type du véritable rat d'église ; il chantait au lutrin, vendait des cierges et des objets bénits, suivait les processions et propageait le pain de Saint-Antoine, il était donc sûr de sa place au Paradis.

Sa femme, par contre, avait des allures très différentes ; peu jolie, mais brune piquante, elle avait des yeux qui parlaient; je m'en étais bien aperçu dès ma première rencontre, et je ne fus pas long à apprendre que sa conduite dans la maison et au dehors n'était pas des plus régulières; mes prédécesseurs, ravis de l'aubaine, ne s'étaient pas plaints de ce surcroît de besogne.

Très ennuyé de tomber dans une maison dont les habitudes différaient tellement de celles de nos familles du pays, je me tins sur mes gardes, résolu à travailler ferme et à économiser quelque peu pour pousser ensuite jusqu'à Marseille.

Le lendemain matin, le patron me parla assez rondement, me tutoyant :

— « J'espère que tu seras un bon ouvrier; on travaille dur chez moi; si l'ouvrage te fait peur, nous ne pourrions pas nous entendre.

— Je ferai mon possible pour vous contenter.

— C'est ce que nous verrons, mais je te préviens que chez moi on travaille de cinq heures du matin à sept heures du soir; les dimanches seront pour toi, les soirées aussi, à moins que l'ouvrage ne presse, car les pratiques passent avant tout. »

Je me mis de bon cœur à la besogne; elle consistait surtout en réparations de machines agricoles, en menus travaux d'intérieur de maison; je ne me déplaisais pas dans ce milieu champêtre, mais, au point de vue intellectuel et moral, c'était le désert le plus complet; au point de vue religieux, je me sentais rudement isolé aussi, non pas qu'il n'y eût pas de *religion* dans le village, car je crois bien qu'il n'y a pas en France un village aussi dévot, mais cela ne voulait pas dire qu'il en valût mieux pour cela; personne ne me parla jamais d'aller à la messe ou autre chose de ce genre; néanmoins, je m'y rendis un jour pour me rendre compte; j'y vis quelques hommes, cultivateurs à l'esprit lourd, vieux paysans que la peur de la mort et du diable tenaillait après une vie de mensonge et de fraude; de vieilles dévotes qui bredouillaient machinalement, sans penser, l'esprit distrait, jetant des coups d'œil obliques autour d'elles; l'office était fini que quatre ou cinq d'entre elles restaient encore à demi assoupies, prostrées en des prières sans fin. Le curé, chez qui j'allai travailler maintes fois, faisait tranquillement son petit traintrain de métier, distribuant aux uns le ciel, aux autres l'enfer, suivant la générosité qu'il rencontrait dans une population béate; il paraissait aimer aussi un peu trop l'eau bénite de cave et m'avait l'air d'être de ceux qui, à une servante de cinquante ans, en préfèrent deux de vingt-cinq; mais s'il ne voyait pas de mal à cela, ses ouailles n'en voyaient pas non plus; satisfaits les uns des autres, qui se serait plaint? La population me semblait être assez bien échantillonnée par mon couple de patrons : niaiserie béate d'un côté, inconduite notoire de l'autre.

Je voyais très bien, par le fait de la femme du patron, ce qui certainement arriverait, et je me trouvais quelque peu ennuyé de m'ériger en nouveau Joseph; au bout de trois mois, j'eus assez d'une situation aussi gênée; un samedi soir, je demandai la permission d'aller visiter Avignon, ville assez voisine; elle me fut accordée pour tout le dimanche, mais le lundi ne m'en vit pas repartir, car je cherchais sournoisement si je n'y trouverais pas du travail pour y transporter mes pénates; je n'eus pas cette chance, et je dus, le lundi soir, rentrer au domicile assez penaud ; le marguillier ne riait pas et, le lendemain, je dus comparaître devant sa majesté ; sa face de pître molle et blême n'avait pas une expression.

— « Vos explications ne sont pas nécessaires, dit-il, asseyez-vous là. »

Il mit ses lunettes, prit un cahier, en tourna les feuillets en les mouillant avec ses doigts.

— « Voici, dit-il, votre compte : tant de journées à tant. Sommes-nous d'accord?

— Parfaitement.

— Nous voilà donc quittes, répliqua-t-il, en me remettant l'argent; vous êtes un bon ouvrier, et sans votre escapade d'hier, je vous aurais gardé et vous auriez gagné de belles journées, mais vous étiez averti : je ne garde jamais pour la semaine un ouvrier qui fait le lundi; c'est ma règle.

— Vous avez raison, balbutiai-je, mais j'ai été retenu... On ne peut pourtant pas dire que je sois rentré en mauvais état, comme cela peut arriver à d'autres.

— C'est vrai, je le reconnais, mais ça suffit; finissez aujourd'hui les pièces commencées et demain matin vous serez libre. »

Je compris bien que sa femme m'avait desservi auprès de lui, et je pus comprendre alors combien grande était l'étendue de sa bêtise, puisqu'il s'obstinait à renvoyer assez brusquement le seul, très certainement, de ses ouvriers qui eût respecté sa dignité de mari ; néanmoins, je ne regrettai pas de partir, et, le soir venu, je fis poliment mes adieux à ce couple original.

Le lendemain matin, au premier chant du coq, je me levai sans bruit, je bouclai mon baluchon et, ainsi équipé, je quittai cette maison pour n'y plus revenir. L'aube se montrait à peine lorsque je dépassai les dernières maisons du village. Les habitants de la campagne dormaient encore ; les oiseaux, déjà debout, célébraient en joyeux concerts le retour de la lumière et de la vie ; on voyait aussi çà et là, devant les maisons bâties au bord de la route, quelque homme sortant d'une grange ouverte.

Au commencement d'un beau jour de printemps, le chrétien se sent porté à remercier l'Auteur de toute grâce de la splendeur de tout ce qu'il voit ; on se sent heureux de vivre, de se sentir jeune, dispos et bien portant ; un chœur que j'avais jadis chanté à l'orphéon de Mazamet vint sur mes lèvres, tout de circonstance à ce moment :

Les compagnons se sont levés matin
Pour commencer le tour de France ;
Le sac léger, le cœur plein d'espérance,
Dieu les conduise le long du chemin.

. . . .

Nous n'irons plus chaque jour
Peupler tes ateliers et tes chantiers ;
Nous n'irons plus chaque soir
Danser aux joyeux bals de tes métiers.
Ateliers merveilleux
Recevez nos derniers adieux.

A ce compte-là, les neuf kilomètres qui me séparaient de la gare voisine de Graveson furent vite franchis; j'y arrivai largement à temps pour le train de sept heures et je pris hardiment mon billet pour Marseille, persuadé que la grande ville me serait favorable et que j'y aurais du travail assuré pour plusieurs semaines.

J'arrivai bientôt à destination; à mes pieds s'étendait Marseille, à demi noyée dans une fumée légère, que les rayons du soleil du matin empêchaient encore de s'élever, mais au travers de laquelle on distinguait cependant çà et là une maison plus haute, plus grande que les autres, les tours d'une église ou les bassins des ports remplis de mâts pressés les uns contre les autres, comme les arbres d'une forêt. Au delà, la mer bleue s'étendait sans bornes à l'horizon, coupée seulement par les îles qui émergeaient toutes blanches de son sein, et sillonnée de navires aux voiles déployées.

J'avais eu la précaution de me munir de renseignements utiles, non certainement à Eyragues, mais à Mazamet auprès de M. Schlumberger, et à Montpellier, et j'allai droit, sans trop errer, vers mon *marchand de sommeil,* autrement dit mon logeur, qui m'avait été indiqué comme excellent; il me donna en effet une chambre ou plutôt un cabinet sous les toits; de ma fenêtre, je ne voyais plus les grands bois, la verdure et les fleurs, mais seulement un horizon de tuiles, seule perspective d'une petite chambre perdue dans un quartier populeux.

Très aisément je trouvai de suite du travail, dans

une grande usine de métallurgie du quartier Saint-Lazare, où j'eus la chance d'entrer comme ajusteur avec un bon prix, et je me promis de passer là quelques mois bien tranquilles; je pris pension dans un vins-restaurant situé au rez-de-chaussée de mon hôtel meublé; un bouillon, une portion, cela n'était pas fameux, mais il fallait m'en contenter; dans la grande ville, ce n'est plus la soupe de chez nous; ma mère s'en inquiétait et m'écrivait péniblement quelques lignes pour me demander bien des détails. On sait l'embarras des simples devant la feuille de papier à lettres; ma mère était de ceux-là; elle m'écrivait avec tout son cœur, et ses lettres commençaient et finissaient invariablement de la même manière :

« Mon Élie, — Je t'écris quelques lignes comme tu l'as marqué dans ta dernière; c'est pour te dire que le père continue à être bien portant et que nous avons espoir qu'il en est de même de toi...

« ... X... te fait ses amitiés ; je prie le bon Dieu pour toi, mon enfant, et suis ta tendre mère. — Émilie. »

Ces lettres me réconfortaient, car je languissais bien quelquefois de n'avoir personne à qui causer. Quand je trouvais le temps long, le soir, j'errais dans les quartiers populeux, comme celui de la Joliette; un parfum de vin chaud sucré, cette panacée universelle du pauvre, remplissait l'atmosphère de ces rues continuellement sillonnées de gens sans aveux : Italiens, matelots, filles et soldats. Un soir, je faillis être englobé dans une rafle de la police : une panique effroyable se déclara tout à coup autour de moi, un remous de filles et de pêcheurs, des exclamations, un vent de bataille, de vice et de misère prit soudainement la rue étroite en enfilade, et, comme une charge de cavalerie, une troupe d'agents la balaya; les femmes hurlaient, les coups pleuvaient, des cris aigus perçaient les airs : « Eh! cogne donc !..... Très bien, le petit, crève-le !..... Bravo !..... »

J'échappai comme par miracle et me promis bien de ne plus me faire repincer dans ces sales rues.

Peu après mon installation à Marseille, je reçus une lettre de Philippe me demandant des détails; il ne m'oubliait pas, le cher ami, et je consacrai une après-midi entière du dimanche à la lettre que voici, que je fis longue et détaillée pour lui prouver que mon affection était toujours aussi profonde.

« Cher ami,

« Je viens tenir mes promesses et par la présente te donner de mes nouvelles; je suis ici depuis tantôt trois semaines et le temps a passé si vite que je n'ai pas trouvé une minute pour te faire réponse plus tôt; excuse ton camarade qui va se faire pardonner par une longue lettre, car je vais tout te raconter en prenant par le commencement.

« Je suis arrivé mercredi, cela a fait quinze jours, et tu comprends combien j'ai été émerveillé de cette grande gare, noire de monde, où il est difficile de trouver ce que l'on cherche; mais comme, à vingt ans, il faut être débrouillard, je me suis tiré assez bien d'affaire et me suis fait embaucher presque de suite; je suis dans une grande usine où nous fabriquons de tout, dans un quartier tout plein de hautes cheminées et de grandes maisons noires; à l'heure de l'entrée et de la sortie des ouvriers, il n'y a pas moyen de traverser la rue, tant la foule est grande.

« Tu sais que M. Schlumberger connaissait celui qui est maintenant mon patron ici et m'avait donné pour lui une lettre de recommandation; je demandai à lui parler avec cette lettre et on m'introduisit dans son bureau; là, il se mit à lire la lettre, me posa quelques questions, ce que je savais faire et où j'avais travaillé, et sonna pour appeler le contremaître de serrurerie, auquel il dit quelques mots en me montrant; c'est un chic type; je vis que mon affaire était réglée et je n'eus qu'à revenir le lendemain matin, à six heures, pour commencer mon service.

« Tu vois que je peux être heureux de mon début ici, car au commencement de mon voyage je n'avais pas trop réussi; ça a marché tout seul et ça m'a été fort commode d'avoir cette lettre qui m'a tout facilité.

« Je ne t'ai pas encore tout dit : le patron et le contremaître sont aimables, mais il n'en est pas de même des camarades d'atelier; dès le premier jour, quelques-uns d'entre eux me regardèrent de travers parce que je venais de la campagne au lieu d'être de la ville et que le patron et le contremaître avaient l'air de me ménager un peu; quelques-uns, pour s'amuser, m'ont caché mes outils dès le début ou m'ont abîmé le travail, mais je n'ai eu garde de me plaindre, autrement ça serait pire; du reste on fait ainsi à tous les nouveaux. Voilà encore ce qui les porte à se moquer de moi : dimanche dernier, je fus au temple qui est dans la rue Grignan, et je ne me cachai pas de le dire le lendemain ; ils me répliquèrent que j'étais un dévot, un *méthodiste*, un fanatique; que je devais savoir que les pasteurs ne valent pas plus que les curés, que tout ce monde-là ne pensait qu'à extorquer de l'argent, à se faire bien voir des riches, et bien autre chose encore que je ne me rappelle pas; je crois qu'ils vivent tous sans religion, ils sont du reste tous catholiques, sauf un, celui qui m'avait traité de *méthodiste;* ils ne me font pas de misère, mais les discussions roulent toujours sur la religion, soit qu'ils la tournent en dérision, soit qu'ils demandent à s'éclairer sur le protestantisme ; le contremaître est souvent obligé d'intervenir, assurant que toutes les religions sont bonnes et qu'ils aient à penser un peu plus à leur besogne.

« Voilà mon existence ; à tout prendre, elle n'est pas plus mauvaise qu'une autre et je ne me repens pas de voyager ; ça forme à tous les points de vue. Il se fait tard, je m'arrête, en me disant ton ami dévoué pour la vie.

« PUECH Élie. »

Mes camarades, en effet, n'étaient rien moins que sérieux ; il se tenait dans l'usine des propos qui ne faisaient guère songer à Dieu ; les plus jeunes allaient au bal le dimanche soir et arrivaient le lundi matin avec des mines vieillies de dix ans, après avoir dansé toute la nuit ; ils évoquaient alors les joies de ces débauches, reconstituant la chronique des cabarets, du bal de guinguette, une chronique obscène, détaillant avec les farces dégoûtantes de buveurs et de danseurs ivres et débraillés, des propos, des chansons, dont la grossièreté s'aggravait de sous-entendus crapuleux.

Malgré cela, ils n'étaient ni plus méchants ni plus pervertis que d'autres ; plusieurs d'entre eux avaient même un cœur généreux et un aimable caractère ; séparés les uns des autres, ils causaient en général assez honnêtement, mais dès qu'ils étaient réunis en troupe, tout changeait. Le pli en était si bien pris que douze heures de fatigue ne pouvaient les en sortir. Ils attaquaient souvent le sujet de la religion avec moi, plutôt pour rire ou montrer ce qu'ils croyaient leur bel esprit que pour me blesser ; l'un d'eux revenait toujours à l'histoire du déluge qu'il ne pouvait encaisser : la vieille question, savoir si les poissons s'étaient noyés aussi en ce temps-là, m'était souvent posée et excitait toujours les mêmes plaisanteries. Un peu impatienté un jour, je lui répondis en souriant que s'il avait été lui-même au déluge il n'aurait pas eu tant envie d'en rire que ça ; cela mit les rieurs de mon côté ; il en fut de même le jour où, après des attaques absurdes d'un vieil anarchiste sur la Bible, je lui promis de lui abandonner ma paye de la quinzaine s'il me citait seulement trois paroles du livre, pour me prouver qu'il l'avait seulement lu ; il ne put répondre, et ces petits succès de controverse n'étaient pas sans me chatouiller agréablement la vanité et sans me donner du prestige aux yeux de tous.

C'est à Marseille que, habitant une grande ville

pour la première fois, je fus souvent témoin des misères affreuses qui se cachent dans les taudis des grandes cités. Par curiosité, j'en parcourais tous les quartiers; je m'avançai un jour dans une impasse vraiment répugnante : on y trouvait, en plein jour, des mendiants et des voleurs professionnels, des jeunes filles échappées de chez leur mère, des ouvriers sans travail, des camelots, des tondeurs de chiens, des ramasseurs de bouts de cigares; quelques poules étiques, que pourchassaient des enfants en loques, cherchaient entre les pavés une maigre pâture.

Mais rien n'égalait en tristesse les soirs de paye. Dans ces fins de journées, on sentait déjà le dimanche arriver; tout le long des faubourgs, c'étaient des cris, des appels, des poussées à la porte des cabarets par cette foule d'ouvriers qui débordait des trottoirs, sur la pente de la grande chaussée. Un soir, notamment, je remarquai, à la porte d'un cabaret, une fillette de neuf ans à peine qui se tenait blottie dans l'encoignure; elle grelottait sous ses hardes, et, de temps à autre, s'enroulait frileusement d'un vieux châle pour se préserver de la brume et du froid. Chaque fois qu'un client entrait ou sortait de cet établissement, l'enfant plongeait son regard anxieux dans la salle enfumée; maigriotte comme un petit moineau privé de nourriture et meurtri par l'hiver, les cheveux dénoués et mêlés, cette petite créature pâle, aux yeux fanés, aux membres grêles, pleurait en attendant son père.

A l'intérieur du cabaret, le silence s'étant relativement fait, un ouvrier, d'une voix blanche, avec une pointe de sentimentalisme qui tenait à la fois de la bêtise et de la griserie, chantait une romance dont les buveurs beuglaient en chœur le refrain, et cela devait durer longtemps, pour la petite, toute la nuit peut-être.

On aurait aimé d'être riche pour calmer de pareilles souffrances; le matin, en allant au travail, j'avais remarqué dans ma rue un pauvre vieux balayeur qui semblait tout cassé par l'âge; je me rencontrai un jour avec lui dans l'épicerie du coin où j'achetais mon pétrole; il était navré, ne trouvant pas, au moment de payer, la pièce de quarante sous qui devait le faire vivre peut-être huit jours et qu'il avait sans doute égarée. Je n'y tins pas, et malgré ma timidité, lui en passai aussitôt une de ma poche; le pauvre vieux ne savait comment me remercier, et j'étais moi-même plus ému que lui; je ne trouvai qu'à m'excuser de cette façon : « Que voulez-vous, le père, si les pauvres ne s'aident pas entre eux, qui les aidera ? »

Les trois mois que je passai à Marseille comptent beaucoup pour moi, parce que c'est là que j'ai commencé à comprendre la grande lutte pour la vie, si poignante dans les grands centres; ce séjour me fit personnellement du bien : malgré la nature de mes occupations, malgré l'insalubrité de l'atmosphère que je respirais, j'acquis une grande vigueur corporelle qui dépassa toutes mes espérances.

Pour mon instruction, je ne laissai échapper aucune occasion de compléter celle que j'avais reçue dans mon enfance ; j'avais pour la lecture une passion qui dégénéra en une sorte de frénésie ; le rude travail de la journée terminé, il m'arrivait de passer des fois la moitié de la nuit à lire. Quant à mon développement religieux, il me semblait qu'il n'avançait guère, ballotté comme j'étais sur l'océan de la malice des hommes et privé du milieu réchauffant et bienfaisant de Mazamet ; néanmoins, je puis dire devant Dieu que je ne fis en ce temps rien qui pût l'offenser ; que je conservai, malgré tout, mes habitudes religieuses, lisant mon Nouveau Testament tous les jours et y trouvant la force et la joie du chrétien.

Je quittai Marseille vers la fin juin, désireux de voir de nouveaux horizons ; je me retrouvai dans les grandes gares noires et retentissantes ; quand je voyais la lourde et puissante locomotive venir s'arrêter, docile comme un enfant, au point précis que son conducteur avait choisi ; quand, pendant les manœuvres de gare, je la voyais avancer, reculer, gémir ou se taire, plus obéissante à celui qui la mène qu'un cheval fougueux, je ne laissais pas d'admirer le génie de l'homme formé et conduit par Dieu, et je me félicitais encore d'avoir choisi le métier par excellence de la force et de la vigueur.

*
* *

Saint-Étienne fut mon étape suivante ; quittant le Rhône, le train a pris la vallée noire peuplée d'usines, de mines et de hauts fourneaux qui mène à mon nouveau champ de travail ; les longues cheminées en briques, les tours en bois des puits, la navrante nudité des maisons ouvrières salies par les fumées et la poussière de houille, l'atmosphère même qui, malgré quelques rayons de soleil, semble plus grise dans cette vallée que dans les pays d'alentour, prédisposeraient le voyageur à la mélancolie, si les travaux exécutés dans ces usines ne faisaient pas oublier, par leur intérêt économique et utilitaire, la tristesse du milieu où ils s'exécutent.

Saint-Étienne, encerclé par les houillères dont les échafaudages et les cheminées se dressent vers le ciel en formant autour de la ville une sombre barrière, est uniformément recouvert d'un nuage noir d'où tombe sans cesse la poudre charbonneuse qui, indistinctement, salit les rues, les maisons et les toilettes des habitants. Certes, une forêt de hautes cheminées est moins pittoresque qu'une forêt de chênes ou de sapins, mais ces contrées noires, avec leurs beffrois de mines, avec leurs hauts fourneaux et leurs fours à coke qui la nuit lancent au ciel des flammes bleues ou rouges, on finit par les aimer. C'est un beau spectacle que celui de cette industrie qui sera la gloire de notre époque.

J'étais heureux de toutes ces découvertes, mais je ne devais pas tarder à *déchanter ;* j'arrivai à un moment de marasme complet ; la métallurgie n'allait pas et les houillères en supportaient les conséquences ; j'essuyai partout des refus, quelquefois brusques, quelquefois polis comme celui-ci : « ... et ne vous découragez pas ; les bons ouvriers trouvent toujours du travail. » Néanmoins cela n'allait pas, j'étais découragé et, pour la première fois depuis mon départ, je dus faire appel au secours pécuniaire de mes parents; il m'était permis d'avoir recours à leur bourse, mais je tenais à honneur de ne pas en abuser; je dus, pour attendre cette lettre libératrice, rester quelques jours à Saint-Étienne, dans l'infect hôtel de la place Chavanelle où j'étais descendu; je pus examiner à loisir la ville tout entière, et comme je ne goûtais pas, à l'exemple de mes confrères en chômage, la joie de rester toute une après-midi à se pousser ou à dormir sur un banc, ou à viser un tronc d'arbre avec un couteau, je profitai de ces vacances forcées pour pousser une pointe dans tous les quartiers; ici, j'entrai dans un faubourg et tout de suite me voici dans de petites rues de misère, populeuses, bruyantes, à la tombée du jour; faubourg de soldats et de filles, puant la débauche sale et triste; c'est la pauvreté qui essaye de vivre de la pauvreté; plus loin c'est la fraîcheur verte des choux, des salades aux feuilles longues, puis l'entrée d'une rue honnête et calme, celle-ci; des femmes sont sur les portes, appelant leurs enfants pour le souper; voici enfin les platanes d'un boulevard, l'entrée d'une usine où l'équipe de nuit va s'engouffrer; l'heure sonne, et un grand nombre d'ouvriers y pénètrent à la file; ils sont rejoints peu à peu par des compagnons qui, lentement et comme à regret, sortent des débits accolés les uns auprès des autres tout le long de la rue latérale éclairée par leurs devantures flamboyantes. Chaque fois qu'une porte bat derrière un buveur, un relent d'alcool et d'absinthe se répand au dehors; ces hommes sont fatigués avant d'avoir commencé leur travail, car l'eau-de-vie *coupe les jambes*... La nuit arriva soudain et je me trouvai par hasard devant un piètre bal de barrière faisant triste mine avec une dizaine de couples à peine qui quadrillaient en casquettes, en cheveux, sans entrain, dans la grosse chaleur du soir; un reste de fête probablement qui traînait depuis le dimanche jusqu'en pleine semaine.

Je rentrai de ma tournée, morne, harassé et attristé par tout ce vice, tout cet étourdissement que la classe ouvrière confond avec la joie; je m'endormis tristement, autant à cause de ma propre situation que des navrants spectacles que j'avais aperçus; je faisais la réflexion que si je n'étais pas né à Mazamet, dans une famille honnête, je serais peut-être un de ceux-là qui ne voient de paix et de repos que dans la mort, et soupirent toute leur vie après la grande libératrice. J'étais moi-même dans un sentiment de lassitude incroyable, et je ne voyais pas mes sentiments religieux suffisants pour me faire triompher de cette apathie. Décidément, je n'étais plus le même, la force d'en haut me manquait et c'était en vain que depuis quelque temps je l'implorais à genoux; pourtant je ne désespérais pas : Jésus-Christ ne pouvait abandonner son disciple. Lui avais-je été infidèle ? Y avait-il quelque interdit en moi ? Je voyais bien que nul ne peut servir deux maîtres, j'en faisais la dure expérience.

J'en étais là de mes tristes réflexions, quand un jeune homme de l'hôtel que j'avais déjà remarqué la veille, me voyant seul, posa son livre et vint causer; je remarquai vite le titre de son volume : *Notre Modèle,* de Sheldon, qui était un de ceux qui m'avaient fait le plus d'impression l'année précédente, et nous eûmes vite fait de nous comprendre. André était un jeune homme de vingt-neuf ans, protestant prosélyte, d'un bon caractère, laborieux, intelligent, très entendu dans sa partie qui était la charpente ; il comprenait combien l'instruction est nécessaire, et il passait la plus grande partie de ses loisirs à lire et à étudier ; il tenait aussi à se distinguer par sa bonne conduite, par ses bonnes manières ; tous ceux qui l'employaient l'estimaient et le traitaient avec affection ; en se rappelant ce qu'il devait aux autres, il se faisait respecter lui-même ; comme foi religieuse, il était chrétien convaincu, ayant accepté d'emblée l'Évangile, dès qu'il l'eut connu, après avoir passé vingt ans de sa vie dans l'indifférence la plus complète ; c'était là justement le camarade que je cherchais, dont j'avais besoin pour me remonter et, dans sa miséricorde, c'était certainement Dieu qui me l'envoyait ; il m'accompagna dans ma chambre, et comme je lui confiais mes tristesses morales, il me proposa de prier avec lui.

Le lendemain soir, il me conduisit à une petite réunion de prières qui se tenait dans la petite salle d'une chapelle, sur la hauteur, près de la gare ; une vingtaine de personnes étaient rassemblées et la réunion fut très libre et très vivante ; je fus ému par les accents d'une pauvre mère qui pria d'une voix tremblante pour son fils, soldat au Tonkin ; elle demanda au Seigneur de lui donner la force d'en Haut, celle de résister aux séductions du monde, afin que, si son corps devait périr là-bas, son âme du moins fût sauvée.

Il m'en coûta beaucoup de falloir quitter un ami si bien, avec lequel j'aurais eu tant de plaisir de vivre, mais la lettre attendue étant arrivée, avec une adresse pour une maison de Lyon, je ne pus différer mon départ et dus faire de touchants adieux à celui que, trois jours auparavant, je ne connaissais pas encore; les amitiés chrétiennes sont bien les seules sincères et durables.

*
* *

A Lyon, je me mis matériellement à flot; embauché de suite dans une maison qui me convenait à tous égards, je fus aussitôt à la recherche d'un brave jeune homme de chez nous que je savais habiter dans cette ville; c'était un ancien orphelin de Castres, travaillant chez un plombier-zingueur depuis trois ans; il avait à peu près mon âge et je le connaissais pour un bon garçon; j'allai le chercher dans son logement de la Croix-Rousse; après y avoir grimpé par *la ficelle,* je redescendis la *grand'côte* bordée de hautes façades à cinq et sept étages, m'arrêtant enfin à celle qui abritait mon ami; je le trouvai chez lui, il venait de rentrer et préparait son souper; il m'offrit de le partager, alla à cette occasion chercher chez le mastroquet une bouteille de vin, et me reçut de bon cœur; Jules était un bon

garçon, honnête, sérieux et travailleur; il n'était guère religieux, n'ayant retiré des instructions religieuses de Castres que le devoir de ne pas tuer, ni voler ; lorsqu'il me demanda si je consentirais à vivre avec lui, sa chambre et son lit pouvant nous contenir tous deux, pour faire la dépense ensemble, j'acceptai de suite avec joie, voyant d'abord l'amitié d'un bon garçon, et aussi le fait que ma bourse était plutôt plate et qu'il n'y avait pas de petite économie qui ne fût nécessaire ; la vie dans ces nouvelles conditions réduisait de moitié les dépenses prévues ; Jules fut si content de ma détermination, qu'il m'emmena sur-le-champ trinquer à la santé de notre amitié naissante ; quant à moi, je voulus lui offrir un petit cadeau, et, nonobstant que l'on prétend que cela coupe l'amitié, je lui offris un couteau à manche d'os, assez gentil, qui portait inscrit le mot « Amour ».

Cette petite installation me convint tout à fait ; nous faisions le lit et le souper une semaine chacun à tour de rôle ; ma fortune aussi s'arrondissait, je gagnais à ce moment quatre francs cinquante et je dépensais seulement un franc vingt-cinq à un franc cinquante par jour, aussi mon magot s'arrondit-il assez rapidement.

Cette agréable vie dura deux mois, puis le travail vint à baisser, du moins pour les nouveaux embauchés et je dus me mettre en quête d'autre chose ; j'allais commencer ma tournée quand Jules me porta triomphalement un numéro du *Lyon Républicain* qui portait en quatrième page une annonce pouvant m'intéresser ; on demandait pour de suite des mécaniciens et ajusteurs dans une grande usine de Dôle, ville du Jura assez importante et relativement voisine de Lyon; il m'en coûtait de quitter Jules et notre petite installation, mais je ne voulais à aucun prix recommencer la vie de Saint-Étienne, et vivre dans la purée; il n'était rien que je craignais autant que dans ma poche de *loger le diable,* c'est-à-dire d'être sans le sou, et, après des adieux touchants à Jules et des *au revoir* qui devaient être exaucés dans la suite, je pris à la gare de Perrache le train de Dôle; au bout de quelques heures j'arrivais dans ma nouvelle résidence. Dôle est environ de l'étendue de Mazamet et possède quinze mille habitants; c'est une ville placée dans une situation charmante, sur une colline en amphithéâtre, au pied de laquelle coulent le Doubs et un canal; j'entrai de suite dans la grande maison B... qui s'occupe de constructions de moteurs hydrauliques, à vapeur, à pétrole, à gaz, d'installations d'usines, etc.; je me plus aussitôt dans une ville qui me rappelait la ville natale, et j'eus la bonne idée d'écrire à André, le charpentier de Saint-Étienne, ce qu'il était advenu de moi. Bien m'en prit, car, trois jours après, je reçus sa réponse; il avait justement à Dôle un menuisier de ses meilleurs amis, et m'en donnait l'adresse pour que je me lie avec lui sans tarder. De suite, le jour même, j'allai, de la part d'André, saluer Claude, que je trouvai sous son hangar, le rabot aux mains : un beau garçon, grand, bien musclé, portant une jeune moustache brune. Évidemment j'avais devant moi un ouvrier actif et soigneux; il avait dans les vingt-cinq ans et avait longtemps travaillé avec André ; catholique de naissance, il était devenu protestant après de nombreuses lectures et mûres réflexions. N'allant pas au cabaret, Claude mettait en réserve la plus grande partie de sa paye d'ouvrier. Nous eûmes vite fait de nous deviner comme satisfaits l'un de l'autre, et le pacte de notre amitié fut dès lors conclu. Mon nouveau camarade était estimé de tout le monde ; on le connaissait jusque dans mon usine et les incrédules même lui rendaient bon témoignage : « Vous pouvez le critiquer, disait dernièrement un contremaître libre penseur, il n'en est pas moins vrai qu'aucun de vous ne travaille comme lui et que vous feriez mieux de l'imiter que de courir les auberges. » Il était certain que sur la population de l'endroit, la bière allemande, déjà fort renommée, avait plus d'attraits que les livres d'instruction ou les théories sur l'économie. Le cabaret « Au rendez-vous des amis » comptait parmi ses meilleurs clients tous mes camarades d'usine ; au début, je leur tins compagnie quelquefois, et n'ai d'ailleurs jamais eu le moindre grief à invoquer contre un verre administré dans un bon moment où l'on en sent réellement le besoin ; mais, cette réserve faite, je ne pouvais pas admettre cette fréquentation régulière et assidue du cabaret qui paralyse tout noble effort et engloutit toutes ces précieuses heures d'or et minutes de diamant dont nous n'avons pas trop pour accomplir dignement notre grande tâche ici-bas. Dans le cas particulier, je me tins de plus en plus à l'écart, voyant que cela devenait une habitude, et, plongé avec Claude dans des livres d'histoire ou d'instruction professionnelle, je donnai libre carrière à cet impérieux besoin d'apprendre et de faire connaissance le plus sérieusement possible avec les branches d'études en rapport avec ma profession ; je n'eus pas à le regretter plus tard.

J'en vins à ne plus fréquenter que Claude ; il m'enseigna le chemin du temple où se réunissait la petite congrégation de l'endroit, humbles prosélytes pour la plupart, des militaires du train ou des chasseurs à cheval ; j'appris que la paroisse, indépendante de l'État, était soutenue par une œuvre, la *Société centrale,* à laquelle je témoigne aujourd'hui, de temps en temps, mon admiration par de modestes dons ; j'ai pu me rendre compte *de visu* qu'ils aident une œuvre digne du plus grand intérêt.

Quand il me sut à Dôle, M. Schlumberger m'écrivit que j'étais tout près de sa ville natale, Mulhouse, et qu'il se ferait un plaisir de m'en faciliter la visite, écrivant pour cela à son père de me recevoir comme de sa part ; j'ai toujours aimé les voyages, et peut-être a-t-on déjà fait la remarque que, dans mon tour de France, je ne craignais pas d'avaler des kilomètres ; l'observation est peut-être justifiée, mais je puis répondre que, ne faisant aucune dépense de café ou autre, il était bien préférable que j'emploie mon superflu en distractions de ce genre, vu que, jamais de la vie peut-être, je n'aurai encore l'occasion de voyager. Je décidai donc d'aller passer à Mulhouse deux jours, dont un dimanche ; je me rappelle encore l'impression que produisirent sur moi cette ville industrielle, aux gigantesques cheminées, le bassin du canal, les belles maisons et les galeries du nouveau quartier, les cités ouvrières et le vieil hôtel de ville. Je me présentai, dès l'arrivée, à la maison du père de mon ami, qui habitait une belle villa du *vignoble ;* je vois encore le laquais, absolument idiot, qui m'ouvrit la porte, disant : « Dites-moi votre nom d'abord et puis j'irai demander à Monsieur s'il est sorti. » Quand il revint, car Monsieur n'était pas *sorti* pour moi, il m'introduisit dans le cabinet de M. Schlumberger, un grand vieillard décoré, l'air aimable et les traits énergiques ; il me reçut très cordialement, me demandant des nouvelles de son fils, des détails sur ma carrière, mes voyages, mes goûts, etc. ; il me congédia en me remettant deux ou trois cartes avec un mot de recommandation pour me faire ouvrir quelques usines généralement très jalousement fermées.

En sortant de chez lui (c'était le dimanche matin), je descendis vers la ville, attiré par le splendide clocher gothique d'une grande église dont les cloches sonnaient à toute volée ; lorsque je me vis sur la place, devant ce bel édifice, j'y entrai pour l'admirer à l'intérieur, et quelle ne fut pas ma surprise de découvrir là le temple protestant, aux proportions splendides ; le service allait commencer, la foule arrivait ; j'y demeurai et eus la chance d'entendre des chants splendides entonnés à pleine voix par toute cette assemblée ; le sermon et la liturgie étant en langue allemande, je n'y compris rien et me retirai assez attristé à la pensée que tout ceci, cette belle ville, ces établissements industriels n'étaient plus français depuis trente ans; chez les bourgeois riches de Mulhouse, les traditions et le langage français sont jalousement conservés; j'avais pu m'en rendre compte le matin; mais, partout ailleurs, dans les rues, dans les magasins, dans les usines, la langue allemande est universelle, et ce fut sans regret que, le lendemain, après les intéressantes visites de grands tissages de coton, je repris le chemin de la France, impatient d'entendre de nouveau notre belle langue maternelle.

*
* *

J'étais depuis près d'un an en voyage, et le temps approchait où je devrais bientôt rentrer; mais je ne voulais pas réintégrer le domicile paternel sans avoir vu Paris et travaillé dans un atelier de la capitale; je ne prolongeai donc pas trop mon séjour à Dôle malgré l'amitié que je portais à Claude, et lorsque j'eus mis quelques sous de côté, je me mis de nouveau en route.

Ce fut le 15 septembre, après-midi, que j'arrivai dans la *ville-lumière;* je me rendis aussitôt à un bureau de placement bien connu qui n'existe plus aujourd'hui; j'étais à peu près certain d'y trouver quelque chose à ma convenance, mais je fus déçu; on n'avait à m'offrir que des places insignifiantes pour quelques jours à peine; on me parla alors de la grande usine de métallurgie de Fives, près Lille, assez éloignée de Paris, mais où l'on embauchait de suite les bons ouvriers pour un travail assuré et bien rémunéré. Je ne voulus pas tout de même m'embarquer à la légère, n'ayant qu'une vingtaine de francs en poche ; j'écrivis donc une lettre d'offres à la direction accompagnée de la copie de tous mes certificats, en la priant de me répondre par retour si possible ; cela demandait tout de même deux jours ; j'en profitai pour voir Paris le plus économiquement possible ; je passai sur les grands boulevards, les avenues de l'Arc de Triomphe ; fatigué, j'allai m'asseoir vers cinq heures sur le gazon pelé des fortifications, du côté de Saint-Ouen, à l'ombre d'un arbre dépouillé de ses feuilles par les passants ; au lieu de l'odeur des fleurs, je ne sentais rien que celle des fritures, des cuisines en plein vent ; avec le crépuscule tombant sur la capitale, on percevait les cris des enfants fatigués qui ne veulent plus marcher, les chutes d'ivrognes se battant et roulant à terre, s'endormant en ronflant à l'endroit où ils sont tombés ; les ouvriers regagnant les faubourgs ne manquaient pas de prendre chez le marchand de vin le champoreau traditionnel, fait de café chaud, d'absinthe et de rhum.

Le lendemain, je passai mon après-midi et la soirée à la foire de Saint-Cloud qui battait son plein ; dans le splendide parc du château disparu, d'innombrables baraques s'encombraient, il y avait là tout ce que l'imagination peut inventer de jeux frivoles propres à piper les quatre sous de l'ouvrier ; pour moi, je m'intéressai surtout à des séances de luttes très certainement chiquées, mais amusantes tout de même, et aux marchands de chansons qui, pour deux sous, vous vendent et vous enseignent patiemment avec le violon la romance du jour; pour lors c'était le fameux

Fais dodo, mon pauv' gosse,
Pour t'él'ver, c'est atroce,
Y avait pas à choisir :
Ou me vendre ou mourir,
Etc.

Le soir, en rentrant à mon hôtel, je trouvai une lettre de la compagnie de Fives m'annonçant que je pouvais me présenter; je fis tous mes paquets aussitôt, pour pouvoir partir le lendemain par le premier train, et je m'endormis le cœur content; j'étais décidé à clôturer par Fives mon voyage en zigzag à travers la France, quitte à m'arrêter quelques semaines à Paris, puisque c'était sur mon chemin pour rentrer définitivement à Mazamet.

*
* *

Bien avant d'arriver à Lille, j'eus un avant-goût du nouveau pays que j'allais contempler : dès Amiens, les constructions en briques, cités ouvrières ou usines, s'érigent sur une ligne presque ininterrompue jusqu'à mon point d'arrivée, dans la grande gare bourdonnante de Lille, dont Fives est le faubourg principal, et un nom fameux dans l'industrie; à vrai dire, la première impression fut triste : cette agglomération, hérissée de cheminées qui, semblables à des tours, dominent de longs bâtiments noircis par la fumée, ne semble pas un séjour de plaisance; la journée venait de finir, et les rues, vaguement éclairées par le gaz, étaient encombrées d'ouvriers en bourgerons et d'ouvrières vêtues de pauvres robes usées. Cette foule allait d'un pas pressé, le dos comme courbé sous la fatigue, regagnant le logis souvent bien éloigné où attendait la famille.

L'aspect du pays est semblable de tous les côtés : ce sont toujours de vastes édifices de briques rouges, surmontés d'une immense cheminée au panache ondoyant, engloutissant dans leurs flancs, dès l'aube du jour jusqu'à la tombée de la nuit, des milliers de créatures vivantes ; souvent, le soir, on croit aller prendre l'air dans quelque prairie lorsqu'on se trouve tout à coup devant un de ces grands bâtiments percés d'immenses fenêtres qui s'allument et éclairent au loin la campagne, tandis que le sifflement de la vapeur et le bruit assourdissant des métiers contrastent avec le silence solennel de la nuit; la cheminée de l'usine s'élance dans l'air, à quelques mètres de la fabrique, comme une colonne de basalte couronnée de flammes et de fumée, tandis que tout auprès un ruisseau roule impétueusement ses eaux troublées, et qu'au loin le paysage reprend sa sérénité avec ses arbres et ses prairies verdoyantes.

D'autres fois, c'est un cabaret, un *estaminet* poussé en plein champ comme un champignon; la salle, petite et soignée, a une nudité claire et confortable avec ses murs blancs, ses tables, ses chaises et son sable fin parsemé sur les dalles.

Je me présentai à l'usine de la compagnie de Fives le lendemain, je fus agréé et je commençai le travail le jour même, à midi; versé à la section *roues et cylindres,* je me félicitai d'apprendre un peu de nouveau et m'y appliquai avec ardeur; mon atelier était tranquille, clair et agréable; il n'en était pas de même de tous les autres composant l'usine; celui de la chaudronnerie, notamment, m'a laissé un désagréable souvenir, et encore n'ai-je fait qu'y passer : inoubliable ce vacarme d'un atelier de constructions mécaniques, alors qu'à grands coups de marteaux les forgerons forcent dans les trous des plaques de chaudières les rivets rougis à la fournaise; la température y est chaude et l'air saturé de poussières métalliques; cinq cents ouvriers travaillent dans cette partie seulement, et partout les coups crépitent comme une mousqueterie, le tonnerre des forges évoque l'antre des cyclopes, tandis que, par-dessus les têtes circulent d'énormes grues roulantes qui semblent vouloir vous broyer.

Dès que j'eus jeté un coup d'œil rapide sur les ateliers, je me rendis au mien, car le travail commençait, et j'ôtai aussitôt ma veste; le courage ne me manquait pas, mais je faisais maintenant un travail plus dur et plus difficile que précédemment; mes mains rudes aux ongles aplatis et noircis par le travail ne craignaient pas la besogne, et je me sentais heureux de travailler dans un aussi vaste atelier; j'appris le soir que, dans la métallurgie, à Fives du moins, il y a en général plus de tenue que dans les fabriques, et, d'une façon générale, les mécaniciens sont considérés par la population comme l'aristocratie ouvrière; l'immoralité ne perd pas ses droits pour cela, et mes nouveaux compagnons n'avaient à ce sujet rien à envier à ceux que j'avais connus dans les villes où j'étais passé.

Notre atelier était assez paisible et l'on y turbinait ferme; la monotonie de la journée était quelquefois coupée par les discussions entre le contremaître et le chauffeur qui ne s'entendaient guère; ce dernier, toujours interpellé sous l'injure de *postillon d'eau chaude,* était du reste fort négligent, étant *né fatigué,* comme on dit chez nous; c'était en outre un alcoolique fini, car il avait certainement bu dans sa vie assez d'alcool pour noyer un régiment.

J'ai passé à Fives deux mois de grande tranquillité, mon travail marchait bien et je gagnais jusqu'à quatre francs cinquante, quatre francs soixante-quinze par jour; la seule chose qui me contrariât était le travail de nuit, qui revenait assez souvent; on a peine à s'imaginer la lugubre tristesse de cette veillée, ces quelques ouvriers perdus dans l'immensité de la salle, la plupart des machines au repos, la lenteur mortelle de ces heures de labeur, à la lueur blafarde du gaz; ce fut là le point noir de mon passage à l'usine dont je ne retins d'ailleurs que d'agréables souvenirs. Mon moral, il faut bien le dire, était en bien meilleur état que l'été précédent; la vue des misères humaines et de la piété solide et candide de bien des prosélytes, à commencer par André et Claude, avaient ranimé ma foi chancelante; je me sentais joyeux, confiant et heureux parce que je me sentais enfant de Dieu, disciple d'un Sauveur qui m'a cherché dans ma bassesse pour m'attirer à Lui. A Fives même, une union chrétienne vraiment vivante m'avait été d'un grand secours; plusieurs de ses membres travaillaient à l'usine et se retrouvaient souvent avec moi; je les vois et les entends encore, ces chers amis, dans leur réunion du jeudi, chantant leur cantique favori :

Seigneur, je n'ai rien à t'offrir
Qu'un cœur fatigué de souffrir.

Quelle consolation que ce chant pour ces êtres ballottés par tous les vents de la vie, épaves du grand vaisseau social, sans protecteur, sans ami véritable, sans lendemain assuré. Comme ce cantique semble lire dans leur cœur et retracer leur vie; leur visage change d'expression; les yeux de beaucoup deviennent rêveurs, pour quelques-uns, les larmes semblent ne pas être loin; ils entrevoient par ce chant des choses mystérieuses dont personne ne leur a encore parlé, un autre monde tellement plus beau, tellement plus souhaitable que ce monde où ils souffrent et où ils succombent sans cesse, une vie autre que la vie malheureuse qui est la leur.

A côté de ces recrues d'élite, que de tares, que de vices ! L'alcoolisme dépasse toutes les bornes, et longtemps à l'avance, les gens fixent un jour pour une soulographie complète ; j'en ai vu un grand nombre auxquels on a rendu leur livret le mardi, les mettant en demeure de changer de boîte *illico,* ou de crever comme un chien dans la rue. A l'estaminet où j'avais pris pension, que de discussions oiseuses, stériles et grotesques : tout un soir, des incrédules discutèrent pour démontrer que Dieu n'existait pas, et que le plus proche parent de l'homme était le lapin; la discussion menaçant de s'éterniser, sans résultat autre que l'absorption de nouvelles consommations, je fus requis par les patrons pour mettre doucement ces fidèles clients à la porte ; il était plus de minuit, ils erraient dans la rue sans retrouver leur chemin, tandis que la lune émergeait d'un ciel lourd et chargé de nuages, éclairant en plein cette triste scène d'un reflet aussi triste que le ciel lui-même. Comme dans ces moments-là on comprend les services rendus par les apôtres de la tempérance, accomplissant avec le secours de Dieu des miracles vraiment incroyables !

Je quittai Fives au commencement de décembre, sur la promesse d'une bonne place à Paris où je devais rester deux à trois mois avant de regagner le Midi.

« Voir Paris », murmurent tous les enfants; ils ne savent pas, hélas! que la vie n'y est facile que pour le riche; que l'épargne y est, pour le travailleur, plus malaisée qu'ailleurs, s'il est vrai que toute épargne est faite moins de ce que l'on gagne que de ce que l'on ne dépense pas. Ils ne savent pas que les pauvres y sont plus pauvres qu'au village natal, les isolés plus seuls, les misérables plus ignorés. Ah! s'ils avaient vu ceux qui souffrent et qui ont faim, perdus, noyés dans ce flot humain qui déferle sur la ville en roulant tant d'épaves et dont la clameur étouffe tant de sanglots, tant de cris d'agonie!

Pour un jeune homme taciturne et mélancolique surtout, Paris ne vaut rien avec l'atelier où l'on s'ennuie de longues heures sans réussir à gagner de quoi vivre, avec l'intérieur familial misérable dans lequel on ne trouve la compensation d'aucune peine; pour les jeunes filles, avec les amoureux qui les attendent à la sortie en promettant le mariage; puis c'est ce que l'on nomme ironiquement la *noce,* avec ses espérances déçues, ses lendemains de dégoût, ses rancœurs et ses désirs d'une existence plus paisible que l'on ne réussit point à retrouver, le besoin de revoir le logis maternel.....

A Paris, comme là où j'avais déjà passé, j'eus le bonheur de me lier avec trois mécaniciens de mon atelier; ils étaient de mon âge et sans famille; nous nous mîmes ensemble tous quatre, et nous tenions à tour de rôle le ménage commun; la cuisine était simple, le dîner consistant en général en viande et en riz, nous fournissant tout à la fois potage, viande et légumes.

Bien qu'à Paris les tentations soient plus fréquentes, l'ouvrier, en général, n'y est pas pire qu'ailleurs ; il a l'esprit plus vif, peut-être la plaisanterie plus facile, mais on y trouve heureusement de nombreux pères de famille qui, songeant peu au marchand de vins, se hâtent le soir de rentrer au logis, où les attendent leurs enfants et leur femme. Sous le rapport du bon cœur, que l'un d'eux soit malade, qu'il ait été victime d'un accident, qu'il vienne à mourir et que sa famille soit dans la misère, vite, la collecte s'organise comme par enchantement et pas un ne boude devant la casquette convertie en aumônière ; parmi les ouvriers il y a des exemples de fraternité qu'on ne trouverait pas ailleurs.

En ce qui concerne le scepticisme, l'ouvrier de Paris pose volontiers pour ne croire à rien ; il se taille une existence à part au milieu des lois et des religions ; il jetterait volontiers le code au feu. Quant au côté religieux, il traite de *blagueurs* les prêtres de toutes les religions, ce qui ne l'empêche pas de hocher la tête lorsqu'on lui parle d'athéisme.

Lorsqu'un nouveau venu fait son entrée dans un atelier de Paris, les ouvriers entonnent en chœur le couplet suivant :

Sitôt qu'un camarade
Vient travailler ici,
Il doit payer rasade
A ses nombreux amis.
A cet antique usage
Nous nous conformons tous,
Espérons qu'il s'ra sage
Et fera comme nous.

Et ce cri s'élève immédiatement de toutes parts : « Quand est-ce ? » c'est-à-dire : « Quand le nouveau se propose-t-il de payer la bienvenue ? »

Si le camarade fait la sourde oreille, chanson et refrain sont repris et continuent en véritable scie d'atelier jusqu'à ce qu'une réponse favorable s'ensuive.

Au jour dit, tout l'atelier se rend processionnellement au café ou chez le marchand de vins, en chantant :

Emmenons la victime au comptoir !
Emmenons la victime !

Si la bienvenue est largement arrosée, tout va bien ; mais si le nouveau se montre pingre, sans donner des raisons suffisantes, un épouvantable charivari lui est ménagé : « O rat, ô rat, ô rapiapiat », s'exclament tous les assistants.

Mais dès que le : « Quand est-ce ? » est payé, le nouveau devient le camarade de tout le monde et on l'appelle : « Mon vieux. »

Tel est par le menu le détail de cette formalité assez inoffensive qui, d'ailleurs, tend, paraît-il, à disparaître.

Parmi mes compagnons d'atelier et de chambrée, il y avait un garçon, bon type au fond, nommé Claustre ; il s'occupait beaucoup de politique et passait pour assez avancé, peut-être même pour quelque peu anarchiste ; il m'invita un jour à l'accompagner dans son café habituel, tout orné de maximes socialistes dans le genre de celles-ci :

« La raison basée sur la science est le fondement sur lequel doit reposer toute société humaine. »

« Les conseils que doit rechercher l'ouvrier sont ceux basés sur l'observation et l'expérience, c'est-à-dire la raison et la science. »

« L'ignorance est pour l'ouvrier la cause principale de son esclavage politique et économique. »

Un soir que Claustre était resté dans la chambre, prétextant une indisposition, je sortis seul de notre atelier, mes deux autres camarades faisant cette fois partie de l'équipe de nuit. Il avait fait du verglas dans la journée, et quoiqu'une pluie persistante eût fini par rendre les pavés meilleurs, on ne marchait pas facilement par les rues; elles étaient tristes ce soir-là; il y avait peu de passants; la lumière des becs de gaz et celle des boutiques faisaient luire par places les trottoirs humides et les flaques d'eau de la chaussée; mais ces lueurs alternaient avec d'autres places sombres, lugubres, que je traversai, la figure battue par une pluie fine glacée, et me sentant froid jusqu'au cœur.

En haut, je trouvai Claustre assis sur un des lits, ses affaires toutes empaquetées à côté de lui; comme je m'étonnais, il parla :

— « Eh bien, adieu, je pars.

— Comment, tu pars ? »

Cette séparation me serrait le cœur; on s'était connu, on avait peiné ensemble, ça rend toujours triste l'idée de ne plus se voir.

— « Tu pars, et où vas-tu ?

— Là-bas, je n'en sais rien.

— Mais je te reverrai.

— Non, je ne crois pas.

— Alors, adieu.

— Adieu. »

Et il partit; je crus savoir que c'était à la suite d'une légère observation d'un de ses chefs; à quoi tiennent les choses, pourtant !

Nous ne sortions guère le soir, car le quartier de Clignancourt où se trouvaient notre usine et notre logement n'était pas très sûr; il était sillonné le soir de bandes de souteneurs aux mâchoires de fauves, aux gueules d'assassins, aux yeux de vices, aux mains terribles comme des étaux, qui parlaient toujours de *refroidir* quelqu'un ; il y en avait qui travaillaient d'une façon intermittente comme manœuvres avec nous et nous en connaissions plusieurs; anciens soldats, anciens marins, ils étaient tatoués sur tout le corps d'attributs militaires, de sabres, de canons, de cœurs percés de flèches avec des inscriptions dans ce genre : « Zoé, à toi pour la vie. » Cela c'était le Paris vicieux; mais voici le Paris misérable.

A côté de notre chambre, sur le même palier, vivait une famille composée de trois enfants et de la mère qui était une ivrognesse finie ; les coups pleuvaient souvent dans cet intérieur; un dimanche soir, les enfants étaient rentrés, mais ne purent pénétrer dans la chambre dont la mère, encore au dehors, avait gardé la clef; il faisait froid et les petits se tenaient blottis contre la porte en pleurant; la mère arriva bientôt, l'œil en feu, tapa sur l'un, cogna sur l'autre, et bientôt sa progéniture ne fut plus qu'un gémissement ; je voulais venir en aide à ces pauvres enfants, mais ne savais comment m'y prendre ; l'aînée, une fille de quatorze ans, travaillait au dehors ; le fils, un peu plus jeune, rôdaillait déjà et ne promettait rien de bon ; la plus à plaindre était la plus jeune, une fillette de neuf ans, qui en paraissait six. Un jour que je la vis seule, à sa place habituelle sur la marche, je la questionnai :

— « Ta maman ne rentre pas ?

— Si, Monsieur, je l'attends.

— Tu ne l'aides pas, ta maman ?

— Si Monsieur ; à la maison, c'est moi qui dois

préparer le ménage depuis que nous n'avons plus petit frère.

— Et où est-il ton petit frère?

— Il est mort.

— L'aimais-tu?

— Je l'aimais quand il était tout petit ; c'était moi qui le portais, qui le berçais, qui en avais soin, car maman faisait déjà des ménages. Et puis, il est devenu méchant ; il me tirait les cheveux, m'égratignait, ne me permettait pas de le poser à terre un seul instant, j'étais si fatiguée...

— Tu n'essayais pas de lui apprendre à marcher?

— Non, il était malade et ne pouvait tenir debout. »

La mère arriva sur ces entrefaites et nous interrompit ; je ne sais quel ignoble repas elle avait fait, mais elle fleurait de loin le roquefort et la mauvaise vinasse ; elle semblait avoir mangé, mais ne portait rien à la petite ; pauvre femme, pas tout à fait responsable pourtant, elle faisait des ménages d'un bout de l'année à l'autre sans interruption, n'ayant pas même la joie du septième jour, cette orée lumineuse que les travailleurs aperçoivent au bout de la semaine, comme un coup de soleil tout au fond d'une longue allée sous les feuilles, dont l'approche les soutient, rend les mains plus gaillardes et les chansons plus joyeuses ; bienheureuse journée du dimanche que les bêtes même, à qui on ne la refuse pas, passent assoupies et mornes dans la paille chaude des étables.

Je pris mon courage à deux mains, et, lui offrant une pièce de quarante sous, je lui dis qu'elle ne pouvait pas laisser cette enfant mourir ainsi de faim; elle accepta et disparut dans l'escalier; je crus qu'elle retournait boire et laisserait sa petite sans manger; je me trompais toutefois, car elle revint un instant après approvisionnée d'un grand bifteck de cheval, d'une boîte de sardines, d'un gros morceau de fromage de gruyère; elle portait aussi un cornet de pommes de terre, un litre de vin et un pain; pour une fois la petite ferait un dîner de roi.

Peu après, j'avais accompagné mes camarades au théâtre de Montmartre voir *Les Deux Orphelines;* la salle tressautait d'indignation à l'adresse de l'ignoble vieille Frochard et d'attendrissement lors de la complainte de la pauvre Louise aveugle, mendiant devant Saint-Sulpice :

O ma tendre musette,
Console ma douleur !
Parle-moi de Lisette,
Ce nom fait mon bonheur.

Le peuple du faubourg raffolait du *mélo,* de celui-là surtout; il applaudissait la pauvre mendiante ainsi que toutes les phrases sur la morale et le triomphe de la religion; au premier rang des spectateurs enthousiasmés je reconnus Blanche, la fille aînée de mon intempérante voisine : quoique âgée de moins de quinze ans, elle ne craignait pas de s'afficher au théâtre avec un godelureau; ils étaient de ceux qui pèlent des oranges aux secondes galeries, tapent du pied en demandant le rideau; qui gobent, bouche bée, les tirades du jeune homme, les roucoulements de la demoiselle ; à la sortie, je me trouvai avec eux :

— « Et votre mère ?

— Nous sommes *fâchées*, je n'y retourne plus. »

Et d'une de plus jetée sur le pavé parisien.

Tout autre était l'histoire poignante et pourtant banale d'un manœuvre de l'atelier. Ferret avait été longtemps un bon ouvrier, mais il s'était ensuite détraqué ; il buvait et nous arrivait le matin les paupières rougies par des libations nocturnes, chez le mastroquet, coupées par l'inévitable « Viens donc un peu su'l'boulevard, si t'es pas un feignant » des pochards ; il s'était ensuite pris d'une terrible passion pour le jeu ; pour jouer, il volait son vieux père, trichait avec ses partenaires, envoyait mendier ses mioches, se chargeant des pires besognes ; pour satisfaire sa passion, il était capable de se livrer aux pires violences et de subir les pires affronts ; ce n'est pas tout, il s'était laissé séduire par des libres penseurs et suivait leurs errements, qui sont plus encore des errements de conduite que des errements de pensée, car la plupart ne pensent guère ; je l'engageai à fréquenter le temple et même l'y conduisis ; par trois fois, arrivé à la porte, il refusa d'entrer. Sur ces entrefaites, il tomba gravement malade et la phtisie qui le minait ne devait pas lui faire grâce de la vie ; il y avait longtemps qu'il crachait ses poumons sans que cette terrible éventualité le fît réfléchir ; cloué sur son lit, âgé de trente ans à peine, il était à toute extrémité lorsque je vins le voir avec un de ses amis ; celui-ci, pour tout réconfort, opina philosophiquement : « Mon pauvre vieux, on meurt quand il faut mourir. » Quant à moi, je lui avais quelquefois parlé des consolations de l'Évangile et quoiqu'il ne parût guère en état de les goûter, je crus que ce serait une lâcheté de ma part de ne pas essayer encore ; je lui lus le psaume XCI. Il ouvrit alors les yeux et s'écria soudain :

— « C'est beau ce que tu as lu.

— C'était le psaume XCI.

— Ah ! oui, tu as peut-être raison, l'on devrait peut-être avoir une règle pour se diriger dans le voyage de la vie ; mais, vois-tu, c'est trop difficile et c'est trop tard pour moi. »

Fatigué par cette longue phrase, il ferma douloureusement les yeux et pâlit ; je crus qu'il allait passer ; tout d'un coup, avec un sang-froid inconcevable, il rouvrit les yeux et, de sa voix la plus naturelle : « Je suis encore en vie, ce coup-ci, je croyais bien y être. »

Je me retirai, et il mourut dans la nuit ; lui qui avait eu jusqu'à ce jour une terreur panique, l'effroyable crainte d'un être conscient qui va s'engloutir dans la grande nuit, il avait eu, par la grâce de Dieu, une fin douce, calme et paisible ; était-ce ma lecture qui avait amené ce changement ? Dieu seul le sait.

Ah ! Paris ! amas de maisons, immense pâté d'hommes et de choses dont il s'échappe comme une vapeur de mal, d'angoisse et de haine ; l'âme devine et détaille les cris d'ivrognes attardés dans les tavernes, les soupirs lascifs des jouisseurs, le hurlement de la brute qui fait trembler la couvée grouillante, le blasphème ricaneur qui se mêle au rugissement du fauve dans quelque meeting ignoble et là-haut, dans un cinquième étage, le râle d'une mourante qui serre d'une dernière étreinte les petits que le réchaud a déjà asphyxiés. C'est bien à ce peuple que doit s'appliquer la parole de l'Évangile : « Voyant cette foule, Jésus fut ému de compassion pour elle, parce qu'elle était languissante et abattue comme des brebis qui n'ont point de berger. » (Matth. IX, 36.)

Je me revois dans les rues de la cité affairée le soir où je dis adieu à l'usine ; des camelots criaient les assassinats, les suicides et les accidents, l'habituelle et malsaine pâture offerte à la curiosité de ceux dont le travail absorbe toute l'intelligence. C'était un samedi soir et je me mêlais pour la dernière fois à la foule des ouvriers et des ouvrières regagnant leur logis ou s'attardant aux ventes de soldes et de coupons habituelles le dernier jour de la semaine.

Ce long voyage m'avait fait rentrer en moi-même, ma foi s'était accrue et définitivement établie ; j'avais quelque fierté d'avoir parcouru tant de contrées, d'avoir vu tant de grandes villes ; en même temps une grande douceur me venait de ma rentrée au pays ; je n'aurais plus ces longues stations nocturnes dans les salles d'attente, avec la tentation de s'approvisionner de cette innombrable littérature immorale étalée dans les gares ; je revenais chez moi tout autre qu'à mon départ, riche d'idées, de volontés nouvelles, aussi nouvelles que ma moustache qui s'estompait ; il y avait de la différence entre le garçon parti deux ans auparavant et le jeune homme d'à présent, l'ouvrier solide et bien découplé, aux bras musculeux et aux poings de fer, pourvu d'un gagne-pain sûr.

Le 26 février 1898, je revis Castres, puis notre beau vallon. Mazamet, par un beau ciel, avec ses belles montagnes, avec de chers amis chrétiens, avec l'activité et la bonne volonté de tous pour le bien, avec de beaux chants, avec la parole de Dieu pour nourrir l'âme : que peut-on voir de plus beau et de meilleur ?

Le premier mot de ma mère m'alla au cœur : « Tu as çrû de deux bons doigts ; je ne t'arrive plus qu'à l'épaule... et cette moustache neuve... ça pique quand on t'embrasse... Allons, te voilà un homme présentement. »

Je conservai dans mon cœur le compliment de ma mère ; je voulais être un *homme,* dans toute l'acception du mot.

III

Dès mon retour (février 1898), je me vis entré dans une nouvelle période de mon existence, et je compris dès l'abord que cette période exercerait une influence décisive sur le cours de ma vie.

Évidemment ma conversion, deux ans auparavant, et les émotions religieuses qui l'accompagnèrent étaient absolument sincères, car j'ai toujours eu en horreur l'hypocrisie et la dissimulation, mais c'est à tort que l'on croit que la conversion consiste seulement dans un moment d'émotion religieuse ; ce n'est là que le commencement et pour ainsi dire le plus facile ; viennent ensuite les moments de doute, de lassitude, et peut-être de dégoût, et l'on verra vite si la foi est véritable ou si elle est factice.

Depuis deux ans, j'avais passé, surtout au début de mon voyage, par de tristes moments ; grâce à Dieu, ma foi se ressaisit et s'affermit assez pour que, dès mon retour à Mazamet, j'aie pu comprendre pour toujours la direction à donner à ma vie tout entière.

Je m'étais, en effet, souvent posé cette question : Que vas-tu faire de ta vie ? Que veux-tu qu'elle soit pour toi et pour les autres ? Vers quel but t'orienter ? Non content de gagner ta vie honnêtement et d'élever plus tard une famille si tu en as une, ne crois-tu pas qu'un ouvrier peut accomplir une grande tâche autour de lui, et qu'il n'est nullement besoin d'être bourgeois pour accomplir une bonne action quelconque ?

J'avais résolu ces questions par l'affirmative et j'étais, dès mon arrivée, prêt à profiter de tout ce que Mazamet pouvait m'offrir de propre à seconder mes désirs. La vie isolée, telle que je la menais depuis dix-huit mois, développe chez l'individu un caractère exclusif, des opinions tranchées, souvent fausses, sur les êtres et les choses ; la fréquentation d'un élément chrétien, au contraire, devait certainement avoir pour effet un changement considérable dans mes relations et ma manière d'agir avec les hommes.

J'étais heureux plus que je ne puis le dire de me retrouver dans mon milieu et dans ma famille ; ma sœur aînée était toujours placée dans la même maison ; ma sœur Berthe était maintenant une grande jeune fille de dix-huit ans, alors que je l'avais quittée presque enfant ; je retrouvai tous mes amis et anciens amis, et, avec un mot affectueux pour chacun, je leur laissai de suite entendre quelle serait ma nouvelle vie et combien ils auraient raison de m'imiter sur ce point.

Mon milieu de Mazamet me semblait particulièrement propice à un vaste apostolat chrétien et social ; ce n'étaient plus les contrées tristes et noires du Nord, avec leurs familles démembrées et l'endurcissement des habitants ; ici, c'était le clair soleil, une ville gaie, des maisons ouvrières respirant l'aisance et entourées de jardins, une population pas sans défaut assurément, mais bien supérieure, au point de vue de l'instruction et des mœurs, à celles que j'avais traversées, des relations sociales assez cordiales et plutôt familières : tel était le milieu qu'avait aussi si bien discerné M. Schlumberger, puisque, de son plein gré et sans qu'aucun lien l'attachât à notre ville, il l'avait choisie pour lui faire du bien de la façon la plus désintéressée.

L'*Association* qu'il dirigeait et dont je faisais maintenant partie avait toutes mes sympathies : elle entretenait l'esprit chrétien dans un petit noyau d'ouvriers, assez restreint il est vrai, mais il suffit de petits groupes semblables, surnageant au jour du naufrage, pour aider au bien social et religieux, quand tout semble perdu ; en me retrouvant de nouveau dans ses salles, je me sentis ému plus que je ne saurais le dire : après une longue absence, l'œuvre m'apparaissait dans toute sa beauté et aussi dans toute sa nécessité ; son but est grand, noble et divin, et elle le poursuit patiemment et sans relâche, sans le secours d'aucune subvention quelconque ou de quelque protection haut placée, par la seule persévérance d'une poignée de jeunes gens, la plupart ouvriers comme moi, mais vigoureux, pieux et tenaces. Combien d'ivrognes et de débauchés les œuvres semblables disséminées sur toute la terre, particulièrement sous la forme d'Unions chrétiennes, n'ont-elles pas épargnés à la société !

Le jeune homme, avant tout, a besoin de fraternité et de camaraderie ; si nous ne les lui procurons pas, le monde le fera; j'ai pu m'en rendre compte dans mes pérégrinations; au sortir de son travail, l'ouvrier n'a d'autre lieu de réunion que le café, le cabaret, le café-concert ou pire encore; la société ne fait rien pour le distraire; s'il est trop fatigué pour lire des livres ou suivre les cours du soir lorsqu'il s'en trouve, il n'a d'autre ressource que de bâiller chez lui ou de chercher de la distraction où il peut en trouver.

Placé, par la nécessité du travail, dans le milieu souvent moralement malsain de l'atelier, il a vite fait de se vicier, d'autant plus que, généralement, aucune influence bienfaisante ne vient contre-balancer le penchant naturel au mal; sans les associations comme la nôtre, jamais le jeune ouvrier ne connaîtrait la douceur de se réunir dans un local attrayant, créé pour lui, orné pour lui; jamais il ne pourrait se vernir un peu par le frottement journalier avec les représentants des diverses classes, jamais il n'entendrait traiter les questions actuelles avec impartialité et compétence. Là, le jeune ouvrier complète son instruction forcément rudimentaire, par le moyen de conférences, de cours et de bibliothèques bien composées; c'est là qu'il acquiert par suite la faculté d'exprimer ses idées; il n'a pas été créé pour renfermer la pensée en lui-même, mais pour lui donner une voix, pour l'échanger avec d'autres pensées. La parole est une des grandes distinctions entre l'homme et la brute; notre puissance n'est pas tant dans les idées qui sont en nous que dans la facilité de les exprimer, et ceci concerne les ouvriers comme les savants; un homme d'une certaine valeur intellectuelle, et il s'en trouve dans les rangs du prolétariat, peut n'être, dans la société, qu'un zéro sans valeur, faute de savoir parler; si la conversation, à l'atelier ou à la pension, roule sur la question ouvrière : grève, syndicat, salaire, on tient souvent à y prendre part, et on ne peut le faire qu'après s'être exercé souvent à réfléchir sur ces questions et s'être souvent essayé à la parole dans des groupes restreints où règne la plus grande liberté.

Là enfin, et c'est pour l'homme l'affaire la plus importante de la vie, on apprend à connaître Dieu et à se consacrer à lui; pour celui qui est vraiment converti, la vie n'a que de beaux côtés, et toute difficulté semble aplanie; et ce sont surtout les jeunes gens qui ont le plus besoin de piété. Un prédicateur célèbre, qui vint un jour prêcher à l'Oratoire de Mazamet, dit cette parole qui ne s'est pas effacée de mon esprit : « Si quelqu'un me demandait d'un ton plaisant à quoi sert la piété, je lui répondrais : Monsieur, elle sert quelquefois à ne pas tuer les jeunes gens et à ne pas priver une mère de son fils ! » (Ch. Meyer.) L'expérience a montré depuis longtemps que le jeune homme aime qu'on lui présente l'Évangile *avec toutes ses exigences,* parce que celles-ci répondent à d'autres exigences : celles de sa conscience. Si, en général, nous autres jeunes gens, nous n'aimons pas la religion, c'est qu'on nous en donne trop peu; on enveloppe la pilule de confiture, ce qui nous fait supposer que la religion est chose peu désirable. Évidemment, l'*Association* offre une grande variété de délassements, mais elle ne doit pas tomber sous le coup de l'accusation rapportée ci-dessus. M. Schlumberger m'a maintes fois expliqué que le jeune homme ne peut se passer de distractions, et que si on veut l'enlever aux débauches habituelles, il faut lui offrir en remplacement des choses saines et honnêtes : y en a-t-il qui le soient plus que la lecture, la musique, le chant, la gymnastique, les soirées récréatives, etc. ? Toutes ces choses donc doivent faire partie d'un cercle de jeunesse bien constitué, sans qu'il s'ensuive nécessairement que le jeune gymnaste soit, entre deux exercices, rafraîchi par une allocution malencontreuse ou inondé de traités. Les distractions intelligentes créent un intérêt nouveau dans la vie des populations manufacturières et rurales ; elles leur ouvrent la porte des véritables jouissances intellectuelles, aujourd'hui accessibles à tous. Que de souvenirs poignants et bienfaisants doivent conserver à travers la vie ceux qui, tout enfants (j'ai eu le regret de ne pas être de ceux-là), ont été élevés dans une pareille atmosphère ! Quand ils seront devenus des hommes, quand les hasards de la vie les auront emmenés loin de leur mère et de leur village, dans quelque grande ville où la passion dévore ceux que le travail a épargnés, alors, à ces heures troublées où l'on sent son courage défaillir, leur cœur s'attendrira, et, recherchant une foi peut-être abandonnée, ils se jetteront à genoux et imploreront d'un cœur contrit Celui qu'ils ont peut-être souvent méconnu, renié et bafoué.

*
* *

Quelques semaines après mon arrivée, je fus invité au mariage de ma cousine des Bausses, la sœur d'Édouard Bénézech ; elle épousait le principal employé d'une importante maison de laines, et allait, dans peu de jours, s'embarquer avec lui pour Buenos-Ayres. Cette noce eut lieu un samedi, selon la coutume déplorable répandue à Mazamet et que je n'imiterai pas pour mon compte, car je ne peux pas admettre qu'après avoir été demander sa bénédiction au Seigneur, on passe, dès le lendemain, tout son saint jour en festins et ripailles, sans qu'il soit question, bien entendu, d'assister au service divin. La bénédiction nuptiale eut lieu à trois heures, au Temple neuf, où je n'étais pas rentré depuis ma première communion et qui me parut aussi terne et froid qu'autrefois ; le dîner, de quatre-vingts couverts, eut lieu dans la salle du café de la grand'rue qui sert généralement à ces réunions de famille ; après un petit tour de ville, la noce revint affamée dans la salle du festin, où elle s'assit aussitôt ; les mariés avaient bien fait les choses : la table était garnie de sardines, de ronds de saucisson, de radis et de gâteaux montés en pyramides terminées par une rose en papier ; le service commença aussitôt par un poisson accompagné de sauce grisâtre, qui fut du goût de tous ; quelques-uns même des convives se hasardèrent à en redemander, mais il n'y en avait plus ; le dîner se poursuivit, assez copieux, peu à peu animé de rires, de conversations bruyantes, dont l'aliment principal était les inévitables facéties à l'adresse des mariés; au dessert, chacun y alla de son morceau; il y en avait pour tous les goûts : des chansons patriotiques : l'*Appel après le combat*, le *Baiser de l'Alsacienne*, l'*Enfant de Paris*, *Chapeau bas devant la Marseillaise;* ou des chansons amoureuses, à l'eau sucrée et au sentimentalisme faux et absurde : *Sous les roses*, la *Folle par amour*, *Enfant, il faut aimer*, etc. Je ne voulus pas faire d'embarras, quand vint mon tour, et je m'exécutai de bonne grâce, puisqu'on me savait membre de la Chorale; je choisis une chanson sans conséquence, refrain obligé de tous les serruriers-mécaniciens de Mazamet :

Quand nous chanterons le temps des cerises,
Et gai rossignol et merle moqueur
Seront tous en fête.....

Je n'aurais peut-être pas mentionné cette fête de famille, si elle ne m'avait fait rencontrer mon ancienne amie Eugénie, que je n'avais pas encore revue depuis mon retour; nous ne pouvions faire autrement que d'aborder un instant la question de notre vieille camaraderie d'autrefois; elle eut plus de courage que moi et entama elle-même le sujet.

— « Il y a bien longtemps que nous ne nous sommes pas vus, dit-elle; je vois avec plaisir que tu es toujours en bonne santé.

— Mais oui, et toi aussi.

— J'ai eu bien de la peine à notre séparation,

mais je m'y fais, maintenant, puisque la chose en est ainsi; ce que je dis n'est point un reproche; tu as agi librement et tu en avais le droit, et je ne t'en veux pas, je désire que tu trouves le bonheur dans ta vie.

— Je fais pour toi le même souhait; oui, je crois qu'il valait mieux nous séparer que de continuer à nous voir, sans espoir de réussir; nos idées sur plusieurs choses étaient trop opposées; il vaut mieux se le dire franchement qu'espérer sans aucune certitude.

— Resteras-tu au bal ce soir? je danserais volontiers avec toi pour montrer aux gens que nous n'avons rien l'un contre l'autre.

— Merci de ton invitation, je ne veux pas te faire de peine, mais, en admettant que je reste un moment après dîner, je ne danserai pas; c'est fini, on ne me verra plus jamais au bal; tu sais quels sont mes motifs de refus, ils deviennent toujours plus forts dans mon esprit.

— C'est dommage, car tu faisais un beau cavalier, et j'étais fière, aux fêtes de l'autre année, de me promener à ton bras.

— Non, Eugénie, ce n'est pas dommage, c'est au contraire bien heureux pour moi. »

Et, sur une poignée de mains sans conséquence, nous nous séparâmes; j'avoue que j'avais le cœur un peu gros, mais je crus avoir bien fait de parler ainsi, car j'ignorais absolument l'art de la dissimulation, que d'aucuns trouvent si nécessaire dans la vie. Il est certain que j'avais devant moi une jeune fille honnête, bonne, travailleuse et sérieuse; elle n'était pas de celles-là qui se mettent sur le dos, en toilettes et colifichets, tout ce qu'elles gagnent; je savais par ma jeune sœur, qui travaillait chez la même couturière qu'Eugénie, que celle-ci était rangée et laborieuse; sur sa conduite, il n'y avait pas l'ombre d'un soupçon, et l'on sait combien la vertu de l'ouvrière a du prix, quand on songe, non pas seulement aux galanteries de quelques gars du faubourg, mais surtout aux séductions d'une vie de riche, oisive et fastueuse, telle qu'en offrent trop de bourgeois vicieux à celles qui n'ont que leur beauté pour fortune. La vertu est nécessaire encore plus dans les ménages ouvriers que dans ceux des classes élevées. Il est désirable que, malgré sa pauvreté, l'ouvrière élevée dans le culte du devoir soit recherchée en mariage par un jeune homme bien avisé qui l'appréciera à sa véritable valeur et sait qu'il trouvera en elle les gages d'une véritable union; lorsque son cœur a parlé, lorsqu'elle a fait choix de celui qui lui plaît, tous deux se promettront solennellement et mutuellement la fidélité dans l'amour, la communion dans le bonheur, l'assistance dans l'infortune, sous le regard et la bénédiction de Dieu; tous deux tiendront leurs promesses.

En y réfléchissant bien, je ne voyais à mon union avec Eugénie qu'un seul obstacle, mais il était sérieux : la différence de religion; ma famille n'aurait jamais admis, pour moi comme pour mes sœurs, la possibilité d'un mariage mixte; moi-même, avant ma conversion, je pensais déjà comme eux, et à plus forte raison maintenant, puisque j'avais le privilège de considérer la religion, non plus seulement comme signe d'un parti politico-religieux, mais comme la chose la plus essentielle de la vie. J'avais connu quelques jeunes gens autour de moi qui n'avaient pas craint, aux Bausses et ailleurs, d'abjurer une foi qu'ils n'avaient pas, pour en embrasser une autre qu'ils n'acceptaient pas davantage, tout cela pour épouser une jeune fille catholique qui ne valait souvent pas cher; je ne pouvais pas comprendre comment des prêtres, censément considérés comme sérieux, se prêtaient à ces palinodies qu'ils savaient n'être que de méprisables comédies; j'étais bien résolu, même au temps où je n'avais pas plus de religion que bien d'autres, de ne pas agir ainsi. Mais une chose était certaine : Eugénie n'était guère catholique que de nom, elle allait rarement à l'église, sa famille n'y allait pas plus qu'elle, et peut-être que si elle avait connu les vérités évangéliques, elle les aurait accueillies avec joie ; personne ne les lui avait jamais présentées, et, comme je la savais sincère et loyale avant tout, je me dis que je ne risquais rien en ayant avec elle une petite explication sur ce point.

Un jour où ma sœur arriva fort tard pour le dîner, ayant été retenue avec les autres ouvrières pour un travail pressant, je m'enhardis à aller voir, d'un coup de bicyclette, Eugénie chez elle, aux Bausses, où elle demeurait toujours; j'espérais la voir seule, et je ne m'étais pas trompé dans mes prévisions; une heure venait de sonner, et tous ceux de chez elle venaient de partir pour leur travail; une forte odeur de haricots et de lard rance emplissait la chambre quand j'entrai, elle dînait et eut un mouvement de surprise en m'apercevant. J'abordai carrément le motif qui m'avait poussé à venir vers elle : je lui dis d'abord combien j'avais été triste, l'autre soir, en lui parlant de la sorte, que je m'étais aperçu là seulement quelle place elle tenait dans mon cœur; que ma résolution de rompre avec les danses et les absurdes distractions mondaines était irrévocable, mais que cela était tout à fait distinct de ce qui la concernait personnellement; que, si je me voyais dans la nécessité de m'éloigner d'elle, c'était, vu notre honnêteté à chacun, pour éviter l'espérance d'un mariage futur, qu'empêcherait la différence de nos croyances.

Elle répondit qu'elle comprenait parfaitement mes vues, qui étaient bien naturelles; qu'elle était jeune et s'était peut-être laissée aller à des espérances irréfléchies; elle s'essuyait les yeux en me parlant et cela me fendait le cœur. Prenant mon courage à deux mains, j'entamai le sujet religion, lui demandant de me fixer un peu à cet égard, de me dire ce qu'elle croyait, si elle ou sa famille avaient des préventions contre le protestantisme, etc. ; je lui fis part de mon désir de n'épouser qu'une femme chrétienne, estimant que c'est dans l'accord des consciences que réside la première condition du bonheur et de la possibilité qu'il y a pour toute âme de parvenir à la plénitude de la foi; je la savais assez loyale pour ne pas feindre des sentiments qu'elle ne partagerait pas, et, par suite, je pouvais clairement lui laisser entendre que nos espoirs pourraient être réalisés, si elle arrivait à connaître et à aimer Celui qui m'avait conduit et dirigé dans tous les moments de la vie.

Je ne lui en dis pas davantage pour le moment, car j'étais déjà fort en retard pour mon travail, mais peu après, j'eus l'occasion de lui faire passer un Nouveau Testament accompagné d'un admirable traité que m'indiqua M. Schlumberger : *Quelle voie suivre? Petit dialogue entre un protestant français et un catholique romain.* Je sus depuis, par ma sœur, qu'elle lisait attentivement mon envoi.

*
* *

J'étais entré, depuis mon retour, dans l'atelier de forge et d'ajustage de la maison de tissus qui occupait également M. Schlumberger, à la bienveillance duquel je dus d'être admis; j'avais le ferme espoir d'y rester jusqu'à mon service militaire, dont l'époque approchait trop vite, à mon gré.

Je venais d'avoir vingt ans, et quoique je ne fusse ni marié ni chef de famille, je n'attendis pas plus longtemps à prendre trois résolutions dont les bienfaits devaient se faire sentir dès lors et mieux encore plus tard.

En premier lieu, je cessai de fumer; j'avais pris cette habitude au moment de mon entrée en apprentissage, et elle s'était accrue pendant mon tour de France; évidemment, je ne condamne pas par là ceux qui fument; bien des gens très respectables fument constamment, mais il est certain que la pipe ou la cigarette, chez un enfant, c'est la marque d'une innocence qui vient de se perdre ou qui s'en va. De fait, c'est le premier acte d'un jeune homme qui se relâche; il soigne mieux sa chevelure, fait mieux les nœuds de sa cravate et fume intrépidement; toutes ces choses, indifférentes au premier abord, sont des symptômes de choses plus graves. J'estimai que, comme chrétien, il valait mieux m'abstenir de fumer, puisque je pourrais en scandaliser d'autres; si cette habitude n'est pas un péché en elle-même, elle le devient facilement quand elle détruit la liberté de l'homme, ou sa bourse, ou sa santé; or, ayant l'espoir d'être plus tard chef de famille, ces considérations avaient leur valeur : que deviendra l'ouvrier si, par ce fait, il se détruit la santé (on en a vu des exemples) et s'il emploie en futilités l'argent si nécessaire à la subsistance de la famille?

En second lieu, je me formai une petite bibliothèque particulière; évidemment, j'avais à l'*Association* une riche bibliothèque, et une salle de lecture abondamment pourvue de journaux et de revues, mais j'estimai qu'un petit choix de livres, achetés avec discernement, et offrant l'essence même de mes besoins intellectuels me serait d'une grande satisfaction; j'avais pu juger de la valeur de quelques livres, les ayant pris à la bibliothèque, et les conseils de M. Schlumberger aidant, j'évitai ainsi des achats onéreux et inutiles; voici les noms de quelques-uns de ces volumes : des ouvrages d'édification : *Jeune homme et catéchumène,* et les volumes qui m'ont servi à refaire mon instruction religieuse et que j'ai cités plus haut; les *Études élémentaires et progressives de la Parole de Dieu,* par Burnier, récemment rééditées à Genève en quatre volumes (deux pour l'Ancien Testament, et deux pour le Nouveau Testament), admirable guide, d'une clarté parfaite, aussi édifiant que savant, absolument nécessaire à ceux qui veulent tant soit peu connaître la Bible; des ouvrages pouvant me renseigner sur le mouvement actuel de la pensée religieuse et sociale, la collection de la revue *Foi et Vie,* à laquelle je m'abonnai dès cette année, des biographies comme celles d'*Arnold Bovet,* de *M. Mac-All,* de *Moody,* de *Georges Muller;* des ouvrages formant le caractère : le *Self-Help,* de Samuel Smiles; *l'Ouvrier,* vade-mecum à l'usage des adultes, d'Albert Dupin; *l'Amérique au travail,* de Fraser; enfin des ouvrages d'intérêt professionnel concernant ma partie : le *Manuel du serrurier,* de Fr. Husson; le *Manuel de l'ouvrier mécanicien,* en huit volumes, de Franche, etc. Voilà quels furent les premiers éléments d'une bibliothèque que j'augmentai dans la suite, mais sans guère prendre d'ouvrages en dehors de ces quatre catégories.

En troisième lieu, je me fis inscrire comme membre des différentes caisses de mutualité, fort bien comprises, qui existaient à l'*Association.* Dans notre beau pays, la mutualité en est à ses premiers et timides pas, et cependant, c'est par la mutualité seule que se pourront résoudre pacifiquement les grands problèmes sociaux; tous ceux qui s'occupent de l'éducation populaire doivent, nous semble-t-il, seconder ce mouvement de tous leurs efforts; nous devons montrer aux enfants et aux jeunes gens combien belle et féconde est la devise des mutualistes : « Aidons-nous, aimons-nous. » Il faut leur montrer que la prévoyance est une indispensable vertu, que rien ne peut la remplacer, et que sa fécondité est extrême lorsque tous se mêlent à l'intérêt de tous et que tous sont fiers de ne rien recevoir qu'ils n'aient mérité par leur épargne et par leurs sacrifices personnels. Il faut leur faire apercevoir dans la mutualité bien organisée la fin ou l'atténuation de leurs maux.

Malheureusement, l'esprit d'imprévoyance est encore aujourd'hui celui d'un trop grand nombre d'ouvriers et de personnes qui gagnent leur vie par un travail manuel; il leur semble que les ressources étant produites jour par jour sont destinées uniquement aux dépenses du moment. La garantie de l'avenir, au moins dans une mesure restreinte, devrait être l'une de leurs principales préoccupations, en raison même de l'incertitude et de l'irrégularité du salaire, mais, au contraire, la constitution d'une petite réserve pour les mauvais jours leur paraît inutile ou trop difficile à faire, et, dès lors, ils ne s'imposent plus cette mission.

En outre, il semble que ce devrait être à toutes les œuvres chrétiennes, et même simplement aux Églises elles-mêmes, à organiser les premières les œuvres de solidarité, car enfin, on peut bien le dire, pour enseigner la solidarité, nulle sagesse humaine n'égalera jamais la folie de la croix, et c'est à l'ombre de cette croix que tout ce qui est bon, utile et bienfaisant doit prendre naissance.

Pour mon compte, les sociétés d'assistance mutuelle m'étaient indispensables; mes parents possédaient un petit avoir et étaient relativement à leur aise, mais nous étions trois enfants à nous le partager plus tard; de plus, j'étais bien résolu à ne faire jamais un mariage d'argent; enfin, un ouvrier est si près du malheur, il en faut si peu pour être dans dans l'embarras, qu'on ne saurait prendre trop de précautions; pour toutes ces raisons réunies, je m'affiliai à certaines caisses de la *Jeunesse prévoyante,* formant l'ensemble des œuvres de mutualité de l'*Association;* je déplorai en même temps qu'il y ait si peu de membres qui les comprennent; j'étais désormais, grâce à une petite cotisation, bien à l'abri de surprises malheureuses; par la *Caisse de secours mutuels,* je recevrais tous les soins en cas de maladie et de convalescence, et une indemnité; par la *Caisse de décès,* ma famille toucherait à ma mort une somme relativement importante; j'avais enfin à ma disposition la *Caisse d'économie et de prévoyance,* qui se chargerait de mes capitaux, lorsque j'en aurais, à un taux très rémunérateur, et la *Caisse de prêts gratuits,* qui me viendrait de suite en aide au moindre embarras d'argent, en cas de chômage, de mariage, d'achat de mobilier ou d'outils, etc. J'admirai alors avec quelle sûreté de jugement les fondateurs de l'œuvre essayaient ainsi de résoudre le problème ardu du soulagement de la souffrance matérielle, en proscrivant l'aumône et en sauvegardant la dignité morale de ceux qui devraient y avoir recours sans la désirer.

En même temps qu'elle s'attaquait aux grands maux matériels, l'*Association* savait organiser des parties de plaisir aussi instructives pour nous que gaies et nombreuses ; j'admirai comme elle savait facilement s'adapter à tous les besoins et à tous les désirs, pendant le bel été de cette année-là ; ce fut d'abord une excursion réservée en principe aux mécaniciens ; nous allâmes, en bicyclette, visiter le splendide viaduc en fer de Tanus, alors en construction, à vingt kilomètres de Carmaux, au nord du département ; en revenant, par suite d'un privilège tout à fait rare, nous pûmes visiter à fond la grande usine du Saut-du-Tarn, à Saint-Juéry, pour les forges et aciéries ; elle occupe deux mille ouvriers et se trouve par conséquent la plus considérable du département ; quelques semaines plus tard, ce fut au tour de la chorale d'organiser une charmante course pédestre à Brassac, avec, comme but pratique et charitable, l'organisation, dans cette petite ville, d'un concert en faveur de l'orphelinat qu'elle possède ; nos chœurs, nos chansons, nos comédies, notamment celle qui est intitulée : *A la salle de police,* ravirent les assistants et nous valurent de recueillir une bonne somme versée à l'œuvre charitable dont nos églises du Tarn ont apprécié les bienfaits ; plus tard encore, par le fait que j'appartenais à presque tous les groupements de l'*Association,* j'eus le privilège d'aller, comme gymnaste et clairon, cette fois, à une fête au bassin de Saint-Ferréol, et à deux réceptions de l'*Hautpouloise* dans les parcs d'Aiguefonde et de Montlédier; ces jours-là le beau soleil, la foule endimanchée, la splendeur de nos costumes et l'éclat de notre fanfare faisaient de ces fêtes populaires et joyeuses un spectacle enchanteur.

Peu après, quand la saison d'été fut passée, nous nous mîmes sérieusement à la préparation de notre concert; je me rappelais que c'était à un concert de ce genre que je devais d'avoir franchi, pour la première fois, le seuil de l'*Association*, aussi soignions-nous tout particulièrement cette séance à laquelle on se rendait en foule, nous apportant une recette toujours bienvenue dans une œuvre qui se suffit à peine avec ses ressources personnelles; il s'agit, dans ces sortes de soirées, d'offrir au public des morceaux de récitation d'allure convenable, mais point trop niais; le choix est assez difficile à faire, car le public a, d'une façon générale, si mauvais goût, que seuls des monologues pimentés peuvent l'égayer; je ne parle pas de notre public de Mazamet, mais combien souvent, dans maints endroits, n'applaudit-on que choses dans le genre de : *Un drame dans un pantalon, Dans le lit du curé,* monologues comiques, l'*Artilleur de la pièce humide,* fantaisie militaire, *Bougri dé bougra,* monologue auvergnat. Tout en ayant affaire, comme je l'ai dit, à un public plus cultivé et plus distingué, l'*Association* ne doit pas perdre de vue le double but de ses concerts : former le goût des auditeurs et leur faire aimer ce qui est vraiment beau, tout en leur faisant passer une soirée agréable.

Je revis Eugénie peu après et je profitai de l'occasion pour lui demander son opinion sur le traité que je lui avais envoyé ; très nettement, elle me dit qu'elle l'avait compris, et qu'elle ne désirait que d'en lire d'autres dans ce genre ; je lui fis passer alors le *Savez-vous ce que c'est qu'un vrai protestant?* de M. Galland, semblable au premier, mais plus développé, et quelques autres, notamment : *Pasteur protestant et Missionnaire catholique.* Je sus plus tard que ce résumé d'une conférence entre le pasteur Allégret et un certain père Marie-Antoine l'avait fortement impressionnée, car elle avait entendu ce capucin, lors d'une bruyante visite à Mazamet, et n'avait pas perdu le souvenir de ses violences de langage. En me parlant de ce volume, qu'elle voulut relire plusieurs fois, Eugénie m'informa qu'il y avait à ce moment, en ville, un père de la même espèce qui prêchait le soir; autant par curiosité personnelle que par désir de montrer à Eugénie (qui ne le demandait nullement) que je n'étais ni aveuglé ni intolérant, je m'y rendis; c'était à l'église vieille dite *Saint-Sauveur;* je fus servi à souhait, car le prêtre, ayant probablement bien dîné, tonnait d'une voix puissante des phrases aussi emphatiques que peu correctes : « Calvinistes et luthériens, orthodoxes et libéraux, si vous saviez l'erreur *que vous êtes...* » ; j'étais suffisamment documenté et n'eus plus envie de me sanctifier de cette manière.

J'eus plusieurs fois l'occasion de m'entretenir avec Eugénie de ces graves questions de religion ; je recherchais avec soin les occasions qui s'offraient à moi et elle-même ne les fuyait pas; j'eus ainsi le loisir de comparer les deux religions, de montrer le protestantisme revenant à la pureté de la primitive Église et recevant directement la foi de la parole de Dieu, se développant régulièrement et toujours plus, malgré les misères inhérentes à toute entreprise humaine, tandis que le catholicisme, retournant aux enfantines pratiques du paganisme, se perdait de plus en plus, par sa soif d'ambition et de domination politique, dans l'esprit des masses et dans la considération de tous ceux qui savaient penser. Je n'eus garde de lui cacher cette vérité : c'est qu'il est bien plus facile d'être bon catholique que d'être bon protestant, parce que, d'un côté, on demande seulement l'assiduité à certaines pratiques machinales presque extérieures, tandis que de l'autre on exige un véritable changement de cœur, ce qui explique combien il y a si peu de protestants vraiment dignes de ce nom. Eugénie semblait comprendre toutes ces choses naguère encore si nouvelles pour elle ; elle me parla, avec la plus grande sympathie, de deux jeunes filles salutistes qu'elle avait rencontrées plusieurs fois auprès du lit d'agonie d'une de ses amies, mourant à vingt ans après une vie dissolue ; elle avait été touchée du courage de ces jeunes filles admirables d'intrépidité, plus encore, sublimes de dévoûment, qui ont subi des privations inouïes, ont renoncé à toute vanité, à tout orgueil, ont quitté ce qu'elles avaient de plus cher au monde pour s'exhiber sur les estrades, au milieu des quolibets d'une foule grossière, pour répandre leur journal dans les rues et dans les cabarets, pour aller vers des prostituées comme vers des sœurs souffrantes, et pour mourir enfin à la peine, sans une plainte et sans un regret.

En contemplant le sublime dévoûment du sexe faible, nous sentons alors combien notre sexe fort est souvent brutal et grossier. J'ai suivi quelquefois par la pensée ces bandes de jeunes gens que nous rencontrions le dimanche ; le but de leur course, quel est-il ? Presque toujours une occasion de péché ; le bal, les promenades publiques, la buvette, le café-chantant, le théâtre, sont les lieux où vont s'engloutir, avec leurs bons principes, leurs économies de la semaine et bien souvent leur santé. Des établissements de toutes sortes leur sont partout ouverts et presque tous ne sont que la dernière étape qui les conduit aux plus mauvais lieux.

A leurs yeux, le mâle c'est l'être libre, l'être qui s'arrête au cabaret pendant que la femme travaille et pleure ; c'est l'être qui a de l'argent dans la poche et qui n'en doit compte à personne, même si ses mioches crèvent de faim ; c'est l'être qui ne croit plus aux vieilles bêtises de morale ou de religion ; c'est l'être qui est assez fort physiquement pour supporter, sans chanceler, une excitation nerveuse extraordinaire et qui joue avec le danger sur le comptoir de zinc ; c'est l'être enfin qui a son point d'honneur et qui lui sacrifiera tout : famille, santé, scrupules, si le bon ton l'exige et si la tradition veut qu'un homme boive, maltraite sa femme et ses enfants. pour être un homme.

Jamais cet abrutissement traditionnel du jeune homme ne m'apparut plus détestable que lors de mon tirage au sort qui eut lieu en janvier suivant : ces chants patriotiques si horriblement braillés, ces refrains obsédants :

Quand les conscrits ils partiront,
Toutes les filles pleureront.....

ces allures dévergondées qui, avec leur gaieté factice, ne parviennent pas à dissimuler les inquiétudes secrètes, également noyées dans le vin et dans l'orgie, tout cela était parfaitement répugnant.

*
* *

J'eus à ce moment-là une grande tristesse : Philippe qui, plus que jamais, dans ces derniers temps, était mon intime ami et mon confident, m'annonça son intention irrévocable de s'engager prochainement dans la flotte ; il ne songeait pas à lui, le pauvre garçon, mais bien à sa mère et à ses petits frères qui, privés par le chef de famille, toujours ivrogne incorrigible, du nécessaire, mouraient presque de faim. Philippe avait calculé que, comme mécanicien de la flotte, il gagnerait d'abord une quarantaine de francs par mois qu'il pourrait envoyer intégralement à sa mère ; plus tard, s'il avait des galons, sa paye serait sensiblement plus forte ; mais le côté sombre de la chose, c'est qu'il devait contracter un engagement de cinq ans. Dans l'armée de terre, Philippe n'aurait fait que trois ans, mais ce n'est pas avec un prêt de un ou deux sous par jour qu'il aurait pu subvenir aux besoins de sa famille; aussi son parti était-il pris, et ne m'en avait-il parlé qu'après coup, pour que mes instances ne le fassent pas fléchir. J'avais en effet combiné que nous pourrions peut-être, la chance aidant, accomplir ensemble notre service militaire dans le même régiment; toute la jeunesse de Mazamet manifeste généralement son désir de servir dans les zouaves; pour moi, je n'avais pas de préférence pour les costumes, estimant que c'est là une piètre compensation des ennuis du service; il ne m'aurait pas déplu d'entrer comme Philippe dans les équipages de la flotte, car les fonctions de mécanicien et la perspective de voir de nombreux climats n'étaient pas pour me déplaire, mais je ne tenais nullement à faire deux ans de supplément, et je ne m'arrêtai pas à cette pensée; quant à désirer savoir où je serais incorporé, cela m'importait peu, mais ma grande taille me faisait pressentir peut-être que je serais affecté à la cavalerie.

Inébranlable dans sa résolution de brave fils et de bon frère, Philippe partit pour passer son examen à Toulon, dans le courant de mars; on lui demanda de faire un *pied à coulisse,* et il fut accepté; il signa crânement pour ses cinq ans et revint passer à Mazamet les quelques jours qui précédèrent son incorporation.

C'était la semaine sainte; Pâques approchait; la grande fête chrétienne revenait une fois de plus comme preuve de la divinité de notre Sauveur, l'éternel fondement de notre foi, la base de notre espérance. Le Christ, par là, nous a donné le gage de notre propre résurrection dans l'immortalité bienheureuse. Comme Jésus, nous savons que la mort n'est qu'un passage à une existence d'autant plus douce que c'est Lui qui est allé nous préparer une place. Je ne sais si ce fut à cause du prochain départ de mon camarade, mais le culte me parut particulièrement beau et impressionnant; en y assistant, je plaignais sincèrement ceux qui n'étaient pas chrétiens et qui s'en tenaient éloignés.

Philippe et moi nous nous présentâmes à la Table sainte; nos convictions étaient ancrées et solides, mais nous avions besoin de la force d'en haut, lui, pour un interminable éloignement au milieu d'un monde particulièrement dégradé, moi, pour soutenir, sans son appui, le glorieux combat de la foi et de l'apostolat près des amis. Eugénie assistait au culte; elle en avait exprimé le désir et s'y était rendue à plusieurs reprises depuis Noël; elle faisait de sensibles progrès dans la connaissance de la foi; et je m'en réjouissais; un esprit droit, ouvert et loyal ne peut se récuser quand la foi chrétienne lui est présentée dans toute sa splendeur; je savais qu'elle était sincère, mais les malveillants et les jaloux ne manquaient pas autour de nous, et plusieurs ne voyaient en cette libre recherche de la vérité qu'une habile tactique destinée à aplanir bien des obstacles; cette calomnie m'affecta beaucoup, mais j'arrivai à la mépriser et à n'y plus prendre garde.

Le temps passait plus vite à Mazamet que lors de mes tournées à travers les capitales de la France;

le second été écoulé depuis mon retour revint vite; j'ai à mentionner pour cette saison-là la splendide excursion qui s'organisa pour la visite des mines de Carmaux avec la course souterraine que nous fîmes dans ces galeries et ces puits, conduits par les ingénieurs eux-mêmes; plus tard, une excursion du même genre dans une autre région me fit faire la connaissaance d'un homme remarquable, ancien ouvrier devenu sinon patron, du moins quelque chose d'approchant, puisqu'il occupait les premières fonctions de confiance dans l'usine électrique dont il avait conduit les travaux. C'était un homme d'une quarantaine d'années environ; par ses seules ressources, par son travail personnel, il était devenu un chef mécanicien et électricien fort compétent; la nouvelle usine dont il avait organisé toute la partie mécanique attestait son incontestable valeur professionnelle; ce mécanicien de talent était en même temps un mécanicien de la pensée; il avait consacré la plupart de ses loisirs et de ses ressources à développer son intelligence par l'étude; dans la petite maison qu'il avait fait construire avec ses économies, se trouvait une véritable bibliothèque de savant; l'usine dont il avait donné les plans était superbe; de grands ateliers vitrés étaient occupés par les ouvriers et les machines; au centre une haute cheminée de briques portait dans les airs des flots de fumée; le foyer, qui ne s'éteignait jamais, alimentait les chaudières productives de vapeur et, par suite, de mouvement, de chaleur et d'électricité. Il ne se sentait pas de joie lorsqu'il parcourait ces vastes cours toutes pleines de vie et de bruit; des charrettes apportaient des amas de charbon; le soir, la campagne était illuminée par les nappes de lumière électrique qui s'épanchaient des innombrables fenêtres des ateliers, et par les panaches de feu qui couronnaient les orifices d'invisibles fourneaux. Cette excursion me laissa une impression profonde de la puissance de l'ouvrier et de ce qu'il peut accomplir lorsqu'il est doué d'une intelligence doublée d'un grand caractère. Tout autre fut l'agréable vision du campement d'été de l'*Hautpouloise* qui nous procura quelques jours de délassement dans un site pittoresque, au milieu des prairies et des peupliers et de la grandiose solitude de la campagne; ces quelques jours de repos, les seuls que je pris depuis mes chômages forcés de Saint-Étienne et de Paris, furent bienfaisants; en outre, l'imprévu de cette vie quasi militaire sous la tente était une bonne préparation pour celui qui, dans deux mois, allait payer sa dette à la patrie.

*
* *

C'est entendu, je suis soldat et je suis versé au 10e cuirassiers, en garnison à Lyon; lors de mon conseil de revision, où je fus pris d'emblée, je demandai machinalement à être versé dans la cavalerie et ma demande fut probablement agréée. Lyon est pour moi une vieille connaissance; peut-être y retrouverai-je l'ami Jules, avec lequel je passai de si bon temps dans notre chambre de la Croix-Rousse. C'est tout de même un peu dur de reprendre le chemin du dehors ; n'importe, je suis satisfait tout de même, et ne le serais-je pas que rien ne serait changé pour cela ; le 16 novembre je dois être rendu au corps, mais pas avant d'avoir eu auparavant une bonne surprise : Philippe venait d'arriver en permission après huit mois de service ; après avoir embrassé ses parents, il apparut tout à coup chez moi, superbe dans la vareuse au col bleu large ouvert sur sa poitrine, les cheveux noirs bouclés sous le béret dont le ruban papillotait de lettres d'or, la moustache noire conquérante, beau matelot enfin, qui faisait sur son passage retourner les filles et les enfants quand, le dimanche suivant, nous passâmes ensemble la matinée à nous balader sur le Cours ; il venait d'avoir quinze jours de permission au moment de s'embarquer pour l'Indo-Chine, et en faisait profiter ses amis ; la semaine suivante il se rendit avec moi à la séance annuelle des conscrits, organisée régulièrement par l'*Association ;* un jeune attaché d'ambassade, appartenant à une famille connue et fidèle du protestantisme français, la présidait ; il parla noblement du devoir du soldat chrétien ; on voyait bien que la foi dont il parlait brûlait dans son cœur, et les futurs militaires, dont j'étais, se sentaient heureux d'un pareil langage ; l'assemblée, composée uniquement de jeunes gens, chanta des cantiques guerriers : *Rassemblez-vous, amis, venez combattre ;* le *Signal de la victoire,* et l'on termina par un cantique très émouvant que cette jeunesse chanta debout :

L'heure du départ s'avance ;
Amis, à genoux !

L'Esprit avec abondance
  Se répand sur nous.
Pourquoi faut-il dans la plaine
  Redescendre encor ?
Ici notre coupe est pleine,
  C'est un saint Thabor !

Après la réunion, quand nous eûmes tous reçu le volume *l'Ami du soldat,* M. de X..., qui présidait, demanda à nous être présenté ; il avait déjà remarqué l'uniforme de Philippe, et lui fit promettre de ne pas manquer de venir le voir chez lui, à Constantinople, s'il devait y faire escale, ce qui arriva par la suite.

Le mardi suivant, je partais. Je quittais Mazamet dans des dispositions bien différentes de celles dans lesquelles je me trouvais lors de mon premier voyage ; ma foi s'était définitivement affermie ; j'étais heureux dans toute l'acception du mot, quoique le but de mon voyage ne fût guère réjouissant. Je me sentais décidé à être apôtre dans mon nouvel état, soldat du Christ avant tout ; excité par l'acharnement des ennemis, soutenu par les prières des amis fidèles, j'étais d'avance certain d'entendre la voix adorée de Celui qui assure la victoire, et je me sentais tout entier saisi par une puissance surnaturelle, faite d'héroïsme et d'enthousiasme, qui me faisait dire comme l'apôtre : « Je puis tout par Christ qui me fortifie. »

IV

Je quittai la gare de Mazamet au milieu de la cohue bruyante des parents, amis et curieux des futurs militaires ; les cris, les vociférations ne cessaient point, poussés par une jeunesse en délire qui hurlait triomphalement : *Sien toutis bandats.* J'avais hâte d'abréger les adieux touchants de ma famille, contrastant avec les manières débraillées de ceux qui nous environnaient, et je poussai un soupir de soulagement en me retrouvant dans mon wagon, au complet par exemple, avec la perspective d'une mauvaise nuit.

Quatre heures sonnèrent et le train partit; je suivais exactement le même trajet qu'à mon grand voyage, quelques années auparavant; Saint-Amans, Saint-Pons disparurent à nos regards, puis ce furent les tunnels, le crépuscule de novembre, attristé par des averses grises de pluie fine; ce n'était guère égayant; je regardais mes compagnons de route, que je connaissais tous; la plupart allaient dans l'infanterie à Romans, quelques autres devaient être mes compagnons de caserne; leur gaieté factice, plus triste qu'elle ne le paraissait, les avait déjà abandonnés; les uns réfléchissaient à ce qu'ils laissaient derrière eux, leur famille, leur travail;

d'autres semblaient abrutis par les suites de leurs libations.

Après une nuit interminable et des retards considérables amenés par l'affluence des conscrits dans toutes les gares, j'arrivai à Lyon, que je reconnaissais bien; les plantons nous attendaient à Perrache et, sans nous laisser le temps de respirer, opérèrent leur triage dans ce troupeau humain, tels des bouchers au soir d'une foire importante; je suivis le maréchal des logis du 10e cuirassiers, avec un nombre respectable de futurs copains, et en route pour la caserne.

Nous eûmes à traverser presque toute la ville. Le quartier de la Part-Dieu est, en effet, situé de l'autre côté du Rhône, entre les Brotteaux et la Guillotière; c'est un immense assemblage de casernes, enchevêtrant les bâtiments et les cours et donnant asile au 10e cuirassiers, mon régiment, au 7e cuirassiers, au 2e dragons, au 14e escadron du train des équipages et à quelques batteries d'artillerie montée.

Je ne me charge pas de raconter ici l'ahurissement du début, et cela serait du reste inutile; versé au 4e escadron, je fus conduit avec tous les bleus, au magasin d'habillement; nous fûmes effrayés de la largeur et surtout de la longueur des pantalons à cheval; on nous fit remarquer avec bienveillance qu'un pantalon trop court rendrait impossible les exercices équestres; nous fûmes surpris de la multitude de brosses, d'objets étranges et inconnus dont on nous gratifia; nous eûmes enfin une désagréable impression lorsque, chez l'armurier, on nous octroya casque, sabre, cuirasse, carabine, etc.; je me rendis vite compte, et mes camarades aussi, des soins que cette ferraille allait réclamer de nous pour briller toujours; la marche des trompettes que nous apprîmes plus tard méritait bien les paroles qu'on y a adaptées, car, pour notre arme, l'astiquage de l'acier est la chose importante :

Un cuirassier
Sous l'acier
Qui lui sied
A l'air martial
A cheval.

Dans ma chambrée il n'y avait que trois anciens; tous les autres étaient des bleus comme moi; je me vois encore à l'heure de la première soupe; on mangeait dans la chambre même, assis sur les lits, car il n'existait pas encore de réfectoire comme de nos jours; le repas, de la soupe et des morceaux de viande noyés dans une sauce noire et épicée, fut expédié en un petit quart d'heure, après quoi je passai ma soirée à arranger mes effets, à apprendre à faire une *charge,* et à amener un moment à la cantine mon ancien, le trompette Chenel.

L'appel sonna, puis l'extinction des feux, fredonnée par les anciens en paroles obscènes; la nuit arriva et il fut permis de se coucher. Je ne dormis guère cette nuit-là ; le lit étroit, le bruit des trains nocturnes frôlant la caserne à toute heure, l'imprévu et les préoccupations des jours suivants me tinrent éveillé, et je n'avais pas fermé l'œil quand le *soufflon* fit retentir dans la nuit noire et froide le premier réveil ; les nuits suivantes je dormis mieux, mais ce n'était plus le sommeil calme et régulier que j'avais avant d'entrer au régiment.

Le premier jour, on n'eut pas besoin de me crier, comme à mes voisins :

— « Hé ! petit, le réveil il est sonné. »

Tandis que l'interpellé répondait par un somnolent : « On y va », j'étais moi-même habillé, tout vêtu de treillis neuf, raide et compassé, chaussé des galoches réglementaires et prêt à servir la patrie de mon mieux. Je savais qu'au régiment il s'agissait de se débrouiller; descendu à l'écurie pour la corvée matinale, j'eus vite fait d'aviser un balai dans un coin et de m'en emparer, pour éviter de charger et de porter la civière.

Les trois anciens de ma chambre étaient de bons types ; le trompette, ou mieux le *soufflon*, pour parler comme lui, Chenel, un bon garçon, était mon ancien et c'est à lui que je dois de savoir faire le lit, plier mes effets, élever la charge et astiquer avec la brique ou le tripoli ; le second était un garçon calme et taciturne, dont on ne pouvait jamais surprendre la pensée ; il était le coiffeur de l'escadron, mais je crois bien que, dans le civil, il ne devait guère exercer ce métier ou y gagner de l'argent, car il raclait à faire crier.

Le troisième était un soldat un peu frondeur, mais alerte, intelligent et débrouillard, avec un caractère franc qui compensait bien des défauts ; il était Parisien, son accent l'attestait, et avait exercé le métier de garçon boucher à la Villette ; cet hercule, grand et bien bâti, semblait fait pour la blouse rose et le tablier blanc; il avait une verdeur de langage qui déconcerta mes premiers essais de conversation.

— « Alors tu es de Paris ? » lui demandai-je, pour dire quelque chose.

— « Oui, mon bleu, Parigot du 19e; ma mère m'a fait dans la rue, près des abattoirs. »

Il y avait enfin notre brigadier d'escouade, Périé, qui était ce qu'on est convenu d'appeler un *chic type*.

A noter enfin la *bienvenue,* le repas offert, dans chaque peloton, aux anciens par tous les bleus réunis auxquels il en coûtait une pièce de dix francs pour chacun; les cantines ne désemplissaient pas, car les nouveaux arrivés avaient de l'argent et les anciens le savaient; quand nous pûmes enfin installer dans l'une d'elles cette *tampone* monstre de trente-cinq couverts, le peloton poussa un hourra de satisfaction. Ce repas n'en finissait pas, à cause surtout des nombreux litres qui y furent vidés; ce n'étaient certes pas des vins fins qu'on réclamait, c'était la piquette la plus vulgaire, mais il en fallait des quantités incroyables; au bout de deux heures de cette orgie, les chansons commencèrent à s'élever, de la part des anciens d'abord, puis des bleus, par rang de matricule; quand vint mon tour, j'entonnai cette jolie romance que j'avais apprise à la foire de Saint-Cloud :

Fais dodo, mon pauv' gosse.

Cette complainte naïve et touchante, chantée dans

cette atmosphère de fumée, de vin et de viandes passées, fit un effet merveilleux. Le public voulut bien me témoigner sa satisfaction, en murmurant des *C'est pas nul* approbatifs ; il me fallut m'exécuter d'un second numéro, après quoi l'un de ces ivrognes me gratifia d'un aimable compliment :

— « Bleu, t'as choppé ma confiance »,

auquel j'aurais pu répondre, si j'avais été plus versé dans le langage de l'endroit, un orgueilleux :

— « Tu parles. »

Après la fête, la réalité, et dès le lendemain ce fut de nouveau la routine du métier, les corvées, les classes, les théories et les mille ennuis de la chambrée. Mon cheval, *Pilote,* n'était pas commode, et pourtant, m'assurait-on, il s'était bien assagi ; notre brigadier, Périé, alors qu'il était *élève-martyr,* avait manqué de se tuer sur cette bête, me racontait-on de tous côtés, et ce n'était guère rassurant pour moi qui n'avais jamais enfourché de cheval jusqu'à ce jour.

Il y en a qui se figurent que c'est très amusant de caracoler en bel uniforme sur un cheval fringant ; je voudrais voir ceux-là aux classes dans le manège ; pour mon compte, il me fut très dur d'apprendre à monter à cheval, car je blessai énormément ; quand je me trouvais dans le manège, obligé de monter sur le cheval à poil, de sauter sur la croupe fuyante au milieu d'un galop, quelquefois renversé dans le sable et sentant avec terreur les sabots des chevaux me frôler le visage, la sueur coulait sur tous mes membres ; je reçus même deux ou trois coups de pieds qui faillirent me faire entrer à l'infirmerie; aux obstacles, autres angoisses, malgré que les chevaux sautassent à merveille, en dépit des hommes; et quand il fallait sauter à terre et à cheval en grande tenue avec la cuirasse, il en fallait du poignet! Si j'avais jamais eu la vanité de parader en cuirasse, avec la crinière au vent, cet orgueil m'eût vite passé; j'aurais été vite blasé sur les délices du caracolage, car, le reste du temps, on ne pouvait tirer aucune vanité de parcourir en bonnet de police et bourgeron les rues de la ville pour aller au *pain* ou au *fourrage*.

Mais, à part cette question du cheval, mes débuts au régiment me furent moins pénibles qu'à beaucoup d'autres; habitué de tout temps au travail, à l'obéissance et à un exercice régulier, je passai sans transition brusque de la discipline des ateliers à celle de la caserne; mais quelle différence, tout de même! Qu'on se représente l'embarras du jeune conscrit, quand il se trouve pour la première fois, à la descente de cheval, crotté de la tête aux pieds, en présence d'une selle, d'une bride, d'un casque, d'une cuirasse, d'un sabre, d'une carabine, de basanes, etc..., ayant tout cet attirail à fourbir, sans savoir par quel bout commencer. Et les punitions qui pleuvent sur lui quand son travail est mal fait ou qu'il n'a pas terminé à temps!

Grâce à mon apprentissage, grâce à l'entraînement auquel j'avais été toujours soumis, je sus vite me débrouiller, ce qui me valut la confiance de mon maréchal des logis; je gagnai également l'amitié de mes jeunes camarades, auxquels je ne refusai jamais un service en mon pouvoir.

Les deux principaux ennuis de mes débuts furent d'abord les vols continuels d'effets dont les bleus étaient victimes ; on n'a aucune idée de ce que l'on se *barbote* de brosses, d'épaulettes, de gourmettes, de plumets ou de vis de casques, non seulement de chambre à chambre, mais de régiment à régiment, entre cuirassiers, dragons, artilleurs et tringlots ; c'est un vaste pillage que la vie en commun de tous ces hommes dans ce vaste enclos facilite singulièrement ; aux plaintes éplorées des bleus, les brigadiers ont vite fait de répondre par un mot grossier signifiant : « Débrouille-toi ».

En second lieu, j'ai eu surtout en horreur les *gardes d'écurie :* brisé, éreinté, moulu par une journée de surmenage, il fallait trop souvent passer la nuit dans une vaste écurie, veillant avec soin sur les bridons dont le compte est rarement au complet le lendemain ; et là, inutile de songer à dormir, même en dehors de la faction ; les chevaux échappés, la visite de rats aussi gros que des lapins, les craintes continuelles que quelque objet en consigne soit chopé par un loustic, les plaies douloureuses causées par le cheval, le bruit des chaînes, tout semblait se liguer pour priver le pauvre soldat d'un repos bien gagné.

Il passa enfin ce temps malheureux des classes, le temps où nous montions à cheval, paraît-il, comme des *sous-pieds de fantassins,* et vers le mois de mars nous fûmes admis à l'école de régiment ; c'était généralement l'époque où l'on choisissait sa voie, bifurquant à droite ou à gauche, suivant ses aptitudes, à tel des nombreux emplois qu'offrait le régiment; malgré l'aimable insistance de mon lieutenant, je n'avais rien voulu savoir quand on me demanda de suivre le cours des élèves-brigadiers; je ne me sentais aucune disposition à occuper ce grade, et j'avais bien assez de mes classes sans y ajouter encore le supplément réservé aux élèves-martyrs; à cette heure, la place qui me semblait toute naturelle à prendre était celle d'ouvrier chez l'armurier; j'y serais entré de suite, pour peu que j'en eusse exprimé le désir, mais j'hésitai; pour mon métier je n'apprendrais rien qui me fût utile, et puisque j'étais destiné à passer ma vie entière dans des ateliers semblables, je trouvai préférable de vivre au grand air ces quelques mois de service. Je me décidai enfin, sur les conseils de Chenel, mon ancien, à entrer dans les trompettes; j'avais du reste eu vaguement ce désir lorsque j'étais, à Mazamet, clairon de l'*Hautpouloise,* et je ne voyais que des avantages à entrer dans le corps des *soufflons:* plus de garde d'écurie, d'abord, et c'était un grand point; ensuite mes connaissances en musique et en clairon me faciliteraient singulièrement les débuts, puis, les trompettes n'en font pas lourd, avec un exercice par jour et une garde de police de temps en temps, de sorte qu'il me serait facile de lire, de sortir en ville pour voir du monde sérieux, de me développer enfin d'esprit et d'âme, chose qui m'était bien nécessaire, au sortir de ces mois de tourbillon et de surmenage.

Je pris donc rang dans les élèves-trompettes jusqu'au jour où, devenu trompette en pied, j'échangeai ma crinière noire contre la crinière rouge, gratifié en outre du galon tricolore aux manches et au col.

*
* *

Mes amis de Mazamet ne m'oubliaient pas, et M. Schlumberger surtout m'écrivait souvent; à un moment de tristesse et de langueur, je reçus de lui une lettre qui me releva complètement :

« Mon cher ami, me disait-il, veuillez m'excuser si je prends la liberté de vous écrire; il y a à peine un mois que vous nous avez quittés, et il me semble déjà qu'il y a un temps beaucoup plus long. Depuis que vous êtes parti, je n'ai cessé de penser à vous tous les jours, particulièrement dans mes prières; je demande au Seigneur de se tenir continuellement auprès de vous et je suis sûr qu'Il m'exauce; vous savez ce qu'Il a dit : « Je serai pour vous un Père, « et vous serez pour moi des fils et des filles », et encore : « Ne crains rien, car je t'ai racheté; je t'appelle par ton nom, tu es à moi; si tu traverses les « eaux, je serai avec toi; si tu marches dans le feu, tu « ne te brûleras point, car je suis l'Éternel ton Dieu, « ton Sauveur. » Vous savez comme moi qu'on est dix mille fois plus heureux en servant le Seigneur qu'en se conduisant comme on le fait autour de vous.

« Ici, vous nous manquez beaucoup, comme vous pouvez le penser : aux réunions de prières, au chant, à la gymnastique ; dimanche, nous allons faire une réunion à la Manotte ; à Noël nous ferons notre arbre à Rigautou. Que n'êtes-vous avec nous pendant ce jour de Noël où la pensée de tous va vers la famille et vers le Dieu qui naquit à Bethléem !

« Mon cher ami, je vous fais toutes sortes de vœux en ce moment où nous approchons du jour de l'an ; je ne cesserai de penser à vous et ne vous oublierai jamais ; je vous transcris, en finissant, un verset que nous avons lu ensemble, il y a déjà longtemps, le soir où en néophyte timide, vous êtes venu frapper à ma porte : « Je serai avec toi, je ne te délaisserai « point et je ne t'abandonnerai point ; fortifie-toi et « prends courage ! l'Éternel ton Dieu est avec toi dans « tout ce que tu entreprendras. »

En avril, je reçus une joyeuse lettre de Philippe ; il m'écrivait, à bord de la *Mouette,* en rade de Constantinople, où il était allé rendre visite à M. de X..., l'ambassadeur qui avait présidé notre dernière soirée des conscrits à Mazamet, lequel l'avait accueilli d'une façon charmante et avait fêté avec lui ses galons ; Philippe, en effet, venait d'être promu quartier-maître, aux appointements mensuels de quatre-vingt-dix francs, après juste un an de service ; il avait beaucoup voyagé depuis notre dernière rencontre, ayant poussé jusqu'en Indo-Chine, où il avait visité l'Union de jeunes gens d'Hanoï. « On ne peut pas en France, écrivait-il, se figurer ce qui se passe aux colonies ; c'est un milieu indigne du monde civilisé ; quand on voit toute la dégradation et l'abaissement du soldat aux colonies, le cœur se révolte et on est porté à s'éloigner de cette carrière chevaleresque de l'armée française qu'on doit servir si noblement ; je vois combien il est difficile, à un jeune homme qui se laisse aller à tous ses penchants, de reprendre le droit chemin ; je tâche d'attirer vers le bien toutes ces pauvres âmes qui vont se perdre. »

Ce n'était pas seulement aux colonies que la débauche s'étalait sans pudeur ; c'était ainsi à Lyon et dans toutes les villes de garnison.

Je ne devais pas me singulariser, et j'acceptai, dès les beaux jours, de sortir avec mes camarades de chambrée ; ah ! ces longs et mortels dimanches de militaires ; il faut d'abord attendre dans la cour, près du poste, l'heure de sortie, puis, brossé, astiqué, ciré sur toutes les coutures, il faut attendre le bon plaisir du maréchal des logis de garde pour vous laisser sortir. Sur la chaussée, deux par deux ou plus nombreux, traînant le sabre sur les pavés avec un bruit lourd de grosse cavalerie roulante, nous déambulions sans but et sans plaisir, suivant les grandes avenues, puis les quais, nous arrêtant à la moindre distraction, jusqu'à ce qu'un horrible café de province, sombre et empuanti, nous offrît son billard crasseux et l'asile suffisant pour tuer les dernières heures du jour.

D'autres dimanches, quand nous nous sentions en fonds, nous méprisions la soupe de trois heures, nous réservant la douceur du dîner en ville, à une heure plus conforme aux habitudes de tous ; après de longues hésitations, l'un de nous indiquait un marchand de vins qui donnait à dîner, d'autres préféraient le

Moulin joyeux, où, paraît-il, on *était bien ;* c'était une guinguette au bord de l'eau, une installation légère où les promeneurs d'été venaient manger la traditionnelle friture, suivi du non moins traditionnel lapin sauté, tué à la dernière minute ; l'endroit était gentil, avec l'escarpolette, le jeu de boules et le tonneau, entre deux rangées de tonnelles sombres, à bas arceaux ; nous allions généralement dans celle du fond, dans laquelle on pénétrait en se courbant, le visage essuyé de feuilles sales.

Au dessert d'un repas plutôt frugal, plusieurs de mes convives trouvaient le moyen d'être complètement ivres ; il fallait alors les conduire et les contenter comme des enfants ; la plupart du temps, ils ne voulaient pas rentrer sans avoir fait une visite aux bouges des rues Mazenod, Villeroy ou autres de cet affreux quartier ; d'autres fois, ils se contentaient du café-concert, lorsqu'ils passaient devant un éden quelconque éclairé brillamment et promettant, par une affiche extérieure écrite au pinceau, les médiocres surprises d'un concert à soldats.

Ah ! ce malheureux troupeau de filles de joie, jeunes ou vieilles, élégantes ou ridicules, laides ou jolies, toutes fascinées par un casque à crinière, un pantalon rouge ou un sabre, il était nombreux à Lyon, dans ces cabarets qui regorgent de militaires ; ceux-ci emploient les pièces que leurs parents ont péniblement amassées à acheter de l'alcool frelaté ou à payer les faveurs d'une servante de bouge, car les clients les plus assidus de ces malheureuses sont des soldats, des sous-officiers qui, par la pénurie de leurs ressources, doivent se contenter des restes des fils de bourgeois, ou pire encore, des vieux bourgeois eux-mêmes, lorsque ceux-ci en sont dégoûtés; pour amuser ceux-ci, il faut les fournir de bétail humain, de filles du peuple, rejetées brutalement dehors quand elles ont cessé de plaire; quand on les voit vieilles et déjetées, on se demande combien de misères elles ont supportées jusqu'au jour où elles ont dû exhiber leurs rides dans un concert, avec la triste perspective de se voir à la rue dès que leur voix éraillée leur manquera tout à fait; que deviendront-elles alors, lorsqu'elles seront tout à fait incapables de gagner leur vie? Ce ne seront certainement pas leurs séducteurs qui viendront alors à leur aide.

Il me répugnait toujours de traverser certaines rues où je devais passer pour service commandé, et ce ne sont pas les flatteurs « ce qu't'es girond! » de ces filles qui m'auraient engagé à m'arrêter, même si je n'eusse eu aucun sentiment religieux; la vue de certains de mes sous-officiers, pourris jusqu'aux os, était un avertissement suffisant pour un garçon de mon âge, vigoureux et sain comme moi; il était rare aussi que ces débauches finissent sans disputes, soit avec des civils, soit avec les militaires de toutes armes, notamment avec les fantassins, pour lesquels la cavalerie affecte un mépris absurde, bien réciproque, du reste, et traduit à notre égard par les épithètes injurieuses de *mange-crottins* ou *larbins de jument*.

*
* *

Je n'avais pas laissé passer longtemps sans manifester autour de moi mes sentiments religieux qui ne s'étaient point refroidis, même aux heures tristes des premiers jours; dans la première conversation un peu sérieuse de la chambre, je déclarai ma religion, et j'appris que j'étais ici le seul protestant; je parlai de mes habitudes religieuses et du désir que j'avais de les conserver à la caserne : « Ne te dérange pas pour nous, à ton gré, me dit Chenel; moi aussi je crois en Dieu, mais les curés y en ajoutent trop. » Le Parigot lui-même dit qu'à choisir une religion, il préférerait de beaucoup la mienne au catholicisme; en attendant, il se passait de l'une et de l'autre. J'avais sur ma planche, dans les plis de la tunique, mon Nouveau Testament et le livre *l'Ami du Soldat,* qui me fut donné à la séance des conscrits; ces volumes, le dernier surtout, m'étaient souvent demandés et mon plus grand plaisir était de les voir circuler; je fredonnais souvent des cantiques : *Sur toi je me repose, Toujours joyeux,* etc., et ces mélodies simples et touchantes semblaient faire impression; mes camarades n'étaient pas mauvais; ils n'avaient jamais eu l'occasion d'être entretenus de l'Évangile, et ne connaissaient de la religion que la contrefaçon; certains jours, il en venait des autres chambrées, plus avancés, pour discuter avec moi; j'en avais quelquefois jusqu'à dix auxquels j'avais à tenir tête. Oh ! ce sentiment d'être seul était terrible, seul de son idée, seul à la défendre.

A la caserne comme ailleurs, comme partout, quand on a bien saisi le salut par la foi, on le conserve;

je sentais que j'en sortirais plus avancé dans la voie de la sainteté que je ne l'étais en y entrant ; Dieu m'avait peut-être appelé à remplir dans ce milieu une mission, celle de montrer que la vie du chrétien n'est pas la même que celle des autres hommes.

Il y avait dans la chambre, en été, des soirées charmantes, toutes de délassement et d'oubli, malgré que, souvent, les uns rappelaient que dans la journée « ça avait salement bardé à la manœuvre ». Étendus de tout leur long sur le lit, suivant la position favorite du soldat, mes compagnons entonnaient des chants populaires, mélancoliques et doux : *Se canto que canto ; Montagnes Pyrénées ; Là-bas sur la montagne c'est le bonheur*, etc., et quelquefois la romance favorite du régiment : *Les Cuirassiers de Reichshoffen :*

> Voyez là-bas, comme un éclair d'acier,
> Ces escadrons passer dans la fumée.

Cela valait mieux que l'inepte chanson de route où toutes les reines de l'univers sont successivement les héroïnes d'aventures indécentes ; pour moi, je prenais grand plaisir à ces soirées honnêtes, où certainement mes compagnons de chambre reportaient leur pensée au village natal et à la pureté de leur famille de cultivateurs ; ils exprimaient souvent à voix haute leur satisfaction :

— « On a bien des embêtements, mais il y a aussi de sacrés bons moments dans la vie tout de même, hein ! »

Puis les sonneries se succédaient, à huit, neuf, dix

heures, les consignés, l'appel, puis l'extinction des feux, cette poétique sonnerie dont l'écho se répétait au loin dans les cours, lorsque le ciel s'est éclairé et qu'il y a des étoiles.

*
* *

L'aube du 14 juillet se leva sur un jour radieux, annonçant une bonne chaleur et nous promettant, à nous, une bonne suée ; la revue fut superbe, car le régiment s'était distingué dans l'astiquage ; nous étions tous en grand uniforme, sur le boulevard ; les casques et les cuirasses brillaient comme des diamants, tandis que nous soufflions, à nous rompre les veines, une marche vraiment superbe. C'était bien là le jour d'éclat, où le soldat se présente, avec tous ses avantages, aux yeux du public qui admire et applaudit ; le jeune soldat se redresse, fier de servir son pays, décidé à faire son devoir, à travailler courageusement, estimé de ses chefs et de lui-même ; et, lors de la présentation du drapeau, quand les plis soyeux agités par la brise, passent devant le front du régiment, quand les trompettes entonnent leur fanfare, un frisson passe dans les rangs, chacun se jure au dedans de lui de faire honneur à cet emblème de la patrie, de cette France qui est toujours grande et glorieuse.

Comment se fit-il que, le lendemain d'un si beau jour, j'attrapai mes deux seuls jours de salle de police? Très occupé à lire une lettre maternelle qui venait de m'arriver, je descendis en retard à l'appel du pansage; le capitaine commandant y assistait par hasard; en dépit de l'extrême précaution que j'y mis, il m'aperçut tout à coup, me faufilant dans le rang d'un discret coup de coude. Je n'y coupai pas de mes deux jours, et fus le soir même faire connaissance avec les rongeurs et les insectes de toutes variétés qui pullulent à la *boîte*.

*
* *

Et les jours succédaient aux jours, sans rompre la monotonie du métier autrement que par les plus banales histoires du quartier ou de la rue des maisons de tolérance. Deux fois pourtant, à un court intervalle, il se passa près de nous deux événements tragiques : le premier fut la condamnation à deux ans de prison d'un dragon de la Part-Dieu qui avait volé un de ses camarades, probablement pour quelque sale grue; il fut promené, suivant l'usage, dans la cour d'honneur devant tous les régiments en grande tenue, y compris le nôtre, après qu'on eut lu devant tous le texte de la condamnation.

Un autre jour, un homme de ma chambre, qui avait rempli le jour même les fonctions de planton du vaguemestre, rentra tout ému du bureau de poste, racontant l'histoire que voici : « Une pauvre vieille était entrée au bureau dans une douleur et une désolation extrêmes; elle venait verser pour un mandat : « Ah! Monsieur, je suis perdue!... mon « argent arrivera trop tard!... mon pauvre fils sera fu- « sillé! Voyez... » et elle montra une lettre où son fils indigne tirait une *carotte* dont la conclusion était qu'il lui fallait au plus tôt soixante francs, sans quoi il était condamné et perdu.

« La pauvre mère avait engagé toutes ses hardes; elle avait cherché, emprunté, mendié, jeûné, il ne lui restait plus rien, ni pour se couvrir, ni pour manger; on eut beau lui dire que son fils la trompait probablement; rien ne la consola, rien ne l'arrêta, elle ne crut que son fils, qui était en garnison à Bourg. »

Je sus plus tard, par le vaguemestre, que l'on demanda des renseignements au corps et l'on apprit que cet argent s'était écoulé en orgies, à la suite desquelles ce mauvais fils porta sa honte à l'hôpital.

Mais tous les fils n'étaient pas ainsi; mon camarade de lit, un bleu comme moi, venu de la Lozère où il était garçon boulanger, étouffait souvent de profonds soupirs, surtout les jours de prêt; quand je lui demandai la cause de son chagrin : « Voilà, me dit-il, maman n'est pas heureuse; je lui envoyais de temps à autre une pièce de cent sous; maintenant, comment vit-elle? »

Sur ces entrefaites, l'heure des grandes manœuvres sonna; elles eurent lieu dans l'Isère, aux environs de La Tour-du-Pin; elles rompaient l'ennui des longues journées d'été, mais elles furent aussi très pénibles.

Le départ fut triomphant; après un réveil en fanfare, nous défilâmes dans les rues; la population se pressait aux portes et aux fenêtres, à demi vêtue, pour assister à notre passage; nous laissâmes derrière nous les rues, les faubourgs, les jardins maraîchers, ne regardant au loin que la route blanche, bordée de peupliers, s'étendant à perte de vue.

Rien à relater de ces vingt jours d'exercices de toutes sortes, sinon le contentement qui se lisait sur nos visages lorsque nous étions bien reçus chez les paysans, admis à prendre notre part de la soupe campagnarde et quelquefois de la poule au pot, au même titre que les servantes, les garçons de labour et les mioches qui nous entouraient.

Ce fut au retour des manœuvres que j'eus une forte fièvre typhoïde qui me valut une entrée à l'hôpital et me mit à deux doigts du tombeau. Je n'étais jamais entré dans cet hôpital que pour assister à quelque ensevelissement; il était donc dans ma pensée inséparable de l'idée de la mort; ma maladie fut longue et grave; devant mes yeux enflammés par l'insomnie, des visions étranges flamboyaient; il me semblait voir des palais de feu, des paysages lumineux passer dans l'obscurité et se succéder lentement; pour échapper à ce supplice, j'essayais de fermer les yeux, mais toujours devant mes paupières abaissées, brûlantes, passaient des mirages douloureux; je vis la mort de près; je m'en rendis parfaitement compte et n'en fus nullement effrayé; je repassais des versets de l'Apocalypse et je me sentais parfaitement certain de mourir en paix avec le plus grand sang-froid; ce n'était plus l'épouvantable inconnu béant s'ouvrant sous mes pas, c'était la paisible vision du Jourdain à traverser, au delà duquel Jésus que j'avais tant aimé, quoique souvent offensé, était prêt à me recevoir dans ses bras. Les visites d'un pasteur éminent et pieux de la ville, aujourd'hui dans la capitale, me furent très précieuses; c'était le frère d'un ancien pasteur de Mazamet qui m'avait baptisé, et, quoique nous ne nous soyons jamais vus jusqu'à ces sombres jours, ces circonstances et le lien de notre foi me rendirent bien précieuse son assistance.

Je restai quarante jours à l'hôpital et obtins alors trente jours de permission de convalescence.

Je me retrouvai à Mazamet, un an après l'avoir quitté; je visitai tout le monde : mes amis de l'*Association,* mon pasteur de l'Oratoire, mon ancien atelier, mais je m'étonnais de n'avoir à la bouche que des histoires et des descriptions du quartier; j'étais en petite tenue, tunique, épaulettes et képi, et plusieurs s'étonnèrent de ce que je n'aie pas apporté *lou capel dé fer;* je dus leur expliquer qu'on ne pouvait pas emporter le casque dans les permissions dépassant une durée de quatre jours.

Lorsque j'eus achevé ma permission, toute employée à flâner, mes parents n'ayant pas admis mon désir de reprendre du travail pour quelques jours, je rentrai à Lyon où une surprise m'attendait : mon régiment, depuis un mois, occupait le camp de Sathonay, où chaque régiment passe successivement un an dans des baraquements; on était à six kilomètres de Lyon et la vie s'y écoulait très tranquille, avec un service relativement très allégé; nous nous félicitions de cette chance, et l'hiver s'était écoulé très calme, lorsqu'un ordre vint du ministre de la guerre, demandant un certain nombre d'hommes pour compléter l'effectif du 1er cuirassiers, en garnison à Paris; il fallait cent hommes, on ne fit pas choisir et, comme je fus parmi les désignés, il me fallut partir.

La moitié de cet effectif fut appelé à partir dès la première quinzaine de mars; il y avait parmi ceux-là plusieurs hommes de ma chambre; à peine arrivés dans la capitale, ils nous écrivirent aimablement de leurs nouvelles; je m'apprêtais à avoir d'intéressantes indications sur mon futur régiment, mais je fus déçu en cela; la lettre des amis ne parlait guère que de la proximité et du nombre de maisons de prostitution qui avoisinaient l'École militaire; ils étaient émerveillés à l'idée que, des fenêtres des chambrées, ils pouvaient se faire des signaux amicaux avec les pensionnaires d'un de ces établissements situé de l'autre côté de la rue, et il y avait quatre pages de semblables détails.

Pâques approchait et tombait cette année-là (1901) le 7 avril; je m'étais bien promis de demander une permission, car je n'espérais plus aller chez moi, en dehors de cette occasion, jusqu'à la fin de mon congé, le voyage de Paris à Mazamet étant trop conséquent pour quelques jours à peine; je n'étais pas sûr de l'obtenir, car le départ subit de plusieurs hommes avait augmenté le travail, et je devais faire moi-même, quoique trompette, le pansage de tous les chevaux, tout comme les autres; néanmoins, un ordre parut à la décision, autorisant les permissions pour ceux qui changeaient de corps; quant aux autres, ils pouvaient *se taper,* il n'y aurait rien pour eux.

Tout heureux de l'aubaine, je repris une fois encore le train de Mazamet. Pâques est, pour tous les militaires, la permission par excellence, aussi retrouvai-je dans notre vieille grand'rue tous mes compagnons du tirage au sort et bien d'autres plus anciens dans le métier; nous formions sur le Cours des groupes compacts qui échangeaient leurs impressions; j'y retrouvai mon ancien compagnon d'apprentissage, Dougados Ernest, qui avait été versé à Romans; ce n'était plus le gamin désordonné que j'avais connu; il était plus crâne, plus dégourdi et de plus mâle tournure qu'avant; il causait et gesticulait avec animation en fumant sa cigarette; de ses premiers mois de régiment, il rapportait une mine conquérante et beaucoup d'aplomb; ses traits s'étaient accentués, il dévisageait effrontément les passants et, sous ses moustaches retroussées, ses lèvres laissaient s'envoler de bruyants éclats de rire; il était en civil, et son feutre gris ajoutait je ne sais quoi de provoquant à son allure.

Philippe lui-même fut présent, mais il n'arriva que le samedi soir; je le vis le matin de Pâques, d'une allure superbe avec ses galons, lorsqu'il vint me chercher pour aller avec lui à l'Oratoire; il me raconta ses derniers voyages; il avait franchi la Ligne, doublé le cap Horn, visité les îles innombrables du Pacifique, vu les Chinois de Canton, les *mousmés* japonaises, les mulâtres des Antilles et les *ninas* de Rio-de-Janeiro.

Avec quelle joie nous nous vîmes assis aux places d'autrefois, dans le lieu de culte qui nous avait si souvent réunis! Le plaisir de reconnaître la majeure partie de l'assistance, de retrouver la puissante harmonie des chants et l'éloquente voix du prédicateur aimé de notre jeunesse, était extrême; le service de sainte Cène, où d'autres avec nous parurent en uniforme, nous fit, comme toujours, une profonde impression: nous pouvions nous séparer tous deux, retrouver nos milieux de vice, de débauche et de blasphème; pleins de la puissance et de la grâce de Dieu, nous pouvions impunément tout affronter.

*
* *

L'École militaire de Paris où j'étais caserné était, tout comme la Part-Dieu, une véritable cité de soldats; elle abritait le 1er cuirassiers, dont je faisais partie, des dragons et des artilleurs; située à Grenelle (quartier que je ne connaissais pas, n'ayant habité que Clignancourt qui est tout à l'opposé), elle complétait bien la physionomie de ce quinzième arrondissement, caractérisé par ses usines, ses militaires et, comme de juste, ses filles à soldats.

La vie reprit comme à Lyon; seul, le décor avait changé, mais cela importait peu; je n'avais guère envie de me promener dans Paris, le connaissant déjà et jouissant de peu de liberté; je n'eus pas un moment l'idée d'aller revoir la boîte où j'avais travaillé trois mois, et rien certes ne m'aurait rappelé ce temps que j'y avais passé, si, un jour de semaine, je n'avais fait une rencontre à laquelle j'étais loin de m'attendre.

Je venais de chez le chef trompette, dont je remplaçais provisoirement l'ordonnance, un samedi à onze heures, lorsque, sur le trottoir de la rue Saint-Dominique, je croisai un jeune serrurier qui passait, une violette à la bouche, sa boîte à outils sur l'épaule; une jeune fille le croisait aussi; il la heurta du coude par galanterie, disant :

— « Si ça te botte, la belle, je prendrai bien une heure au patron. »

A ce langage cavalier je me retournai et je reconnus aussitôt François Hugon, qui avait travaillé avec moi pendant mon séjour dans la capitale; c'était un assez bon garçon, mais de manières dont le propos ci-dessus peut donner une idée. Je l'abordai et il me reconnut aussi.

— « Tiens, Mazamet en cuirassier, comment qu'ça va ? »

Je me crus autorisé à lui répondre selon son langage :

— « Pas mal, ma vieille, et toi, quéque tu fais donc maintenant, puisque voilà un siècle qu'on ne t'a vu ; c'est un *effet de mirage de voir ta binette.*

— Que veux-tu, je suis *marchandeur* chez X..., je me fais mes cinq balles, mais il ne faut pas *flancher, l'argousin* n'est pas commode ; ça ne fait rien, je ne crois pas que j'y mangerai un boisseau de sel dans c'te boîte-là ; on ne peut pas seulement s'absenter un instant, qu'on ne retrouve plus ses outils ; j'ai manqué seulement quat' jours, quand je suis revenu, j'avais plus rien ! Et puis, ne m'en parle pas, le singe m'a engueulé hier, il m'a f.... la flemme morbus ; j'y ai fait une pièce pour modèle, y me dit qu'elle était trop longue ; on s'est fâché, puis on s'est remis après, mais j'ai bien envie de le lâcher... »

Je le retrouvai tel que je l'avais connu autrefois, irrégulier, distrait, changeant de boîte tous les mois, bricolant de-ci de-là pour gagner quelque argent, mais toujours sans le sou, avec des airs de richard, et blagueur par-dessus le marché à ne falloir rien croire de ce qu'il disait.

Il me fit un peu pitié, car je le voyais incorrigible ; je l'engageai, pour le lendemain dimanche, à passer la journée avec moi.

Il fut exact au rendez-vous, et, comme j'avais demandé la permission de l'appel de deux heures, nous pûmes sortir au début de l'après-midi.

C'était fin juillet ; nous remontâmes la Seine en bateau-mouche jusqu'à Charenton et nous nous rendîmes à Alfortville dont c'était la fête ; quand nous eûmes assez des sonneries de balançoires, de la musique des chevaux de bois, des discours d'hercules en maillots tonnant pour convaincre leurs minables auditeurs d'ajouter « cinq sous, rien que cinq sous » aux pièces tombées sur le tapis que désignait une large main, des drapeaux flottant un peu partout, de l'odeur de la graisse bouillante et des pommes frites, nous rentrâmes à Paris ; c'était cinq heures, un vent d'orage s'était levé, soufflant de grandes colonnes de poussière qui aveuglaient le monde et grésillaient dans les poêles de fritures ; je l'emmenai au restaurant du *Lapin sauté*, voisin de ma résidence, et je le lâchai à dix heures, le long des grandes avenues solitaires de mon quartier, où le vent faisait frissonner les feuilles des grands arbres dans la nuit noire.

*
* *

Philippe m'écrivit d'à bord du *Goéland*, «... profitant d'une après-midi de liberté pour écrire, pendant qu'on joue aux cartes près de lui, tandis que l'on est à l'ancre à Madère pour y faire du charbon ». Il m'annonçait deux nouvelles : il venait de passer second maître, touchant de plus forts appointements ; en second lieu, il m'avouait son inclination pour ma sœur Berthe, inclination qui s'était affirmée à la dernière permission de Pâques et qu'il croyait partagée ; il me demandait mon appui et me priait, le cas échéant, d'être plus tard son intermédiaire auprès de mes parents.

Ces deux nouvelles me réjouirent autant l'une que l'autre, la seconde surtout, et je me félicitais de voir entrer dans ma famille mon vieux compagnon, qui assurerait le bonheur d'une sœur que j'aimais tendrement.

J'eus à Paris, plus qu'à Lyon, le privilège d'avoir un culte à ma portée ; je fréquentais tous les dimanches le culte de deux heures à la chapelle Saint-Jean-Baptiste, avenue de Ségur, où prêchaient souvent le président du Consistoire lui-même et d'autres pasteurs éminents ; j'allais aussi le jeudi à la salle d'évangélisation populaire voisine, située dans la rue de l'Avre; je m'y retrouvais, à Saint-Jean-Baptiste surtout, en compagnie de militaires de toutes armes.

Je ne sais si, pendant mon service militaire, j'ai eu une influence quelconque sur mes camarades; je n'ai peut-être pas fait tout le possible pour cela; si je n'ai pas beaucoup agi, j'y ai du moins beaucoup appris; les belles théories, savamment construites par les théologiens et les philosophes, ne peuvent pas produire sur les camarades de chambrée un très grand effet; le soldat a peu de temps pour lire et puis les systèmes théologiques ou philosophiques — si simples soient-ils — demandent une préparation et une tension d'esprit qu'ils peuvent rarement fournir.

Ce que le soldat veut avant tout, c'est l'exemple; quand, à une mauvaise action, vous répondez par une bonne, l'incrédule est touché, repris dans sa conscience; il comprend que vous puisez les principes de votre religion autre part qu'en vous-même ou dans le monde; il ne vous imitera peut-être pas, en tout cas il vous respectera, et quand vous lirez votre Bible et que vous vous mettrez à genoux pour prier, il ne se moquera pas de vous et ne dira pas que vous êtes un hypocrite.

Quand on aime, il est rare qu'on ne soit pas aimé aussi; la caserne devient moins sombre; la vie y est moins triste et moins monotone; elle a toujours sa raison d'être et son but; le cœur, au lieu de se fermer, s'ouvre, sent et comprend mieux, et l'âme plus légère va chercher plus souvent en Dieu, par la prière, l'espérance et la paix.

*
* *

L'heure de la libération s'approchait, et comme je n'avais nulle envie de *rempiler,* ou rengager, je mêlais ma voix à celles qui criaient à tout propos : Je suis de la classe.

La classe, la classe, ce cri magique roulait partout ; plus que vingt jours, plus que dix jours, plus que deux jours, l'heure de l'affranchissement a sonné !

Depuis la veille, les effets de grand et de petit équipement sont rendus au magasin ; la nuit on n'a pas dormi ; à trois heures on a commencé à allumer les lampes ; à cinq heures tous les *trompions* sont convoqués pour sonner le réveil en fanfare, et c'est de tout cœur que nous faisons retentir l'allègre sonnerie que nous jouons admirablement bien ; les notes s'égrènent pures et claires dans la nuit, alors que le mot magique roule dans les couloirs et les escaliers. Que de mêlés-cassis versés, que de verres bus, que de gros sous dépensés, que d'ivrognes déraisonnant : « Y en a qui pensent que le plus beau jour de la vie, c'est celui de la première communion ; mais c'est bien celui où l'on quitte le service. »

Dans tout cet émoi c'est à peine si l'on entend l'allocution du colonel : « Adieu, mes amis », à laquelle répond un formidable : « Vive la France, vive le colonel ! »

Eh bien, au moment où se manifestait cette grosse joie, mon cœur se serrait ; je n'aurais certes pas fait, de mon gré, une minute de plus, mais à l'instant de se quitter pour aller chacun de son côté dans la vie et ne plus se retrouver jamais, il y a la sourde angoisse humaine des séparations définitives, éternelles, en même temps que s'y mêle le souvenir d'avoir longuement souffert la misère ensemble et dans ce lieu, dans ce quartier que l'on quitte aussi. C'est quelque chose de fini dans l'existence, d'écoulé, d'irréparable ; tout cela sans doute est éprouvé confusément, mais cependant ressenti, et lorsque, au moment de la séparation dernière, les compagnons me criaient leur mélancolique *bonne chance*, je me sentais pressé de leur répondre par un confiant : A Dieu.

V

Le 26 septembre 1902, j'arrivai à Mazamet, après un voyage esquintant ; je pouvais enfin quitter ces wagons au complet, où l'on était empilé avec des gens criant, chantant et suant, dans l'atmosphère lourde et saturée de fumée ; je laissais derrière moi tout ce qui pouvait me rappeler la vie militaire, et, après m'être débarrassé de l'uniforme, il me semblait que j'étais devenu un être jeune et nouveau, s'élançant dans la vie joyeusement.

Je retrouvai toutes mes connaissances, mais que de changements dans les familles : les uns morts, les autres mariés ; ceux que j'avais laissés enfants étaient maintenant des apprentis ou de grands jeunes hommes ; la durée de leurs études était finie, ils avaient dû entrer en apprentissage, car leurs familles avaient besoin qu'ils apprissent à travailler le plus tôt possible ; on n'est pas riche dans les ménages, et si les chambres sont tenues proprement, s'il y a des rideaux blancs aux fenêtres, si les garçons ont des vêtements sans trous ni taches, s'ils trouvent chaque jour de quoi manger à leur faim, c'est qu'il y a des pères et des mères qui se donnent de la peine du matin au soir et d'un bout de l'année à l'autre, sans s'accorder de relâche ; le repos chez nos gens de Mazamet ne vient que du chômage, et quand l'ouvrage manque, le pain est bien près de manquer.

Je n'eus pas à souffrir moi-même d'une interruption de travail ; l'atelier que j'avais quitté trois ans auparavant m'accueillait de nouveau à mon retour, et je fus heureux, en y reprenant ma place, de m'y remettre avec goût au travail, dans la compagnie de mes anciens camarades. Je repris également ma place à l'*Association* et, peu après, j'eus le privilège d'être appelé à faire partie du Comité directeur de l'œuvre, honneur que j'acceptai avec joie et empressement.

J'étais, depuis mon retour, préoccupé de ma conduite à tenir avec Eugénie ; j'avais évité de lui écrire pendant tout mon service, ne voulant pas donner la moindre prise à la critique et à elle trop d'espoir sur la suite de nos relations ; j'allai la voir, peu après mon arrivée, et lui parlai très franchement ; je désirais savoir où elle en était de ses sentiments religieux ; elle me répondit non moins nettement que ses croyances aujourd'hui se rapprochaient tout à fait des miennes, mais qu'elle ne voudrait, pour rien au monde, que le public lui attribuât des pensées intéressées à mon égard, lorsqu'il apprendrait le changement qui s'était produit en elle ; je la rassurai, quoique je n'ignorasse pas qu'à Mazamet il ne manque pas de gens qui *trouvent toujours à redire,* et je lui certifiai que sa décision de se rattacher au protestantisme était assez ancienne, puisqu'elle avait pris jour quatre ans auparavant, pour que les plus malveillants aient la bouche fermée ; du reste, les choses de la conscience étaient trop sacrées à mes yeux pour supporter que des indifférents viennent s'en mêler ; néanmoins, pour couper court à toute insinuation désobligeante, je l'engageai, si telle était sa résolution définitive, à se faire recevoir dans l'Église réformée dès maintenant ; de plus, nous éviterions de nous voir de quelque temps, et, quelques mois plus tard, nous pourrions alors faire publier les bans de notre mariage ; elle pleurait abondamment et l'émotion l'empêchait de me répondre ; je lui fis alors une demande en règle de sa main, et, sous le seul regard de Dieu, nous nous fiançâmes, tombant à genoux et unissant notre joie et notre espérance dans une ardente prière.

Le retour des beaux jours et du mois de mai amena les élections, qui me permettaient pour la première fois, si j'en avais envie, de remplir mes fonctions de libre citoyen.

Ce temps d'élections à Mazamet m'avait toujours profondément attristé ; les passions sont chez nous plus vives qu'ailleurs, et la religion s'y mêle beaucoup trop ; j'ai déjà dit que, pour bien des protestants, toute confession de foi consiste dans l'unique fait de jeter son bulletin dans l'urne ; chez les catholiques, il se passe aussi des choses très étranges : ils ne craignent pas de profaner leurs cantiques « Marchons sur les pas de Jésus » et d'autres, en adaptant leurs mélodies à des paroles de circonstances qui n'ont rien de chrétien ; du reste, chose extraordinaire et qui ne se voit nulle part ailleurs : la majeure partie de la classe ouvrière est ce qu'on appelle *réactionnaire,* tandis que ce sont, d'une façon générale, les patrons qui soutiennent le parti dit *gouvernemental,* qui n'est pourtant pas tendre pour les *bourgeois;* tout cela, par la faute de ces malheureuses questions religieuses qui n'ont que faire là.

Ni les conseils amicaux des uns, ni les reproches enflammés des autres ne parvinrent à me décider à voter ; je ne trouvais aucun candidat à mon goût, et mes idées, quoique très justes à mes yeux, n'étaient guère appréciées de mon entourage.

Pour moi tous les législateurs, tous les hommes politiques travaillent en vain, car ce ne sont ni les lois, ni les méthodes, ni les régimes qu'il faut modifier, c'est le cœur des citoyens qu'il faut radicalement changer ; et cette transformation ne peut s'opérer que par le christianisme, le vrai, et non par celui que pratique la majorité des Français ; un chrétien éminent (R. Saillens) a dit : « Le Réveil (au point de vue religieux) est le meilleur moyen de résoudre les problèmes sociaux ; il y a longtemps d'ailleurs qu'on l'a dit : la question sociale est une question religieuse ; c'est en sauvant les âmes qu'on sauve les corps », et un homme d'État éminent aussi, le député socialiste belge Vandervelde, qui est loin d'être chrétien, a pensé presque identiquement lorsqu'il a écrit la phrase suivante que j'ai un moment songé à mettre comme épigraphe à ces mémoires : « On ne conquiert pas le monde avec des ignorants, des incapables, des ivrognes et des joueurs esclaves de leurs vices ; si les travailleurs triomphaient sans avoir accompli les évolutions morales qui sont indispensables, leur règne serait abominable, et le monde serait replongé dans des souffrances, des brutalités et des injustices aussi grandes que celles du présent. »

Évidemment la bourgeoisie a des torts ; elle jouit de la vie d'une manière bestiale et charnelle, voulant épater le public par la dépense folle d'écus qu'elle n'a pas gagnés, mais si le peuple qui aspire à prendre sa place y arrive avec les mêmes sentiments, qu'y aura-t-il de changé ? Et le peuple aujourd'hui jouit de la vie de la même façon que la bourgeoisie, parce qu'il n'est pas plus chrétien qu'elle ; je ne puis voir de différence morale entre un gommeux qui tire des pigeons et un ouvrier qui fait battre des coqs ; entre un joueur de la haute qui perd en une nuit une fortune et un parieur de la classe ouvrière qui perd et gaspille le pain de sa femme. S'il y en a qui parlent de flétrir les vices de la bourgeoisie, il faut d'abord qu'ils s'en préservent eux-mêmes.

Évidemment, nous traversons actuellement une période critique ; la classe dirigeante doit prendre garde, car à cette heur[illegible] posent des questions d'une extrême gravité ; les [illegible]ses populaires revendiquent des améliorations où se mêlent sans doute bien d'utopies exagérées, irraisonnées et irréalisables, mais qui sont loin d'être toutes chimériques ou illégitimes ; elles ont pourtant beaucoup obtenu déjà, car depuis quarante ans, que de progrès accomplis en leur faveur, plutôt par la pacifique évolution des idées que par de brutales explosions ! En attendant, c'est le sauve-qui-peut, le chacun-pour-soi ; les législateurs font sonner bien haut, dans leurs discours, la solidarité nationale ou républicaine, mais combien qui font passer les intérêts qu'ils représentent avant leur propre avancement et leur propre fortune ? L'ouvrier, lui, réserve tous les trésors de sa confiance au journal qu'il lit chaque jour et qui forme ou déforme son âme ; il ne veut pas apprendre à penser par lui-même, et quoique se targuant de libre penseur, il est plus soumis à son directeur de conscience qu'un disciple du pape ; a-t-il jamais eu seulement la curiosité de lire la Bible qu'il entend journellement attaquer ? Non, ses meneurs l'ont lue pour lui et ça suffit pour qu'il la jette avec la *Vierge* et le *saint Père à la voirie.*

La fraternité universelle est un beau rêve, mais, en présence de l'égoïsme des hommes, ce n'est qu'un rêve. La solution du conflit social actuel ne peut venir que de l'initiative privée et chrétienne, sollicitant la liberté individuelle du plus grand nombre pour réintroduire l'esprit chrétien dans le monde du travail et du gain. Le devoir de tout chrétien, et je réclame l'honneur de porter ce nom, est de travailler de toutes ses forces à la construction de ce nouvel édifice. On nous dira : « Vous allez au peuple parce que vous voyez bien que le christianisme ne peut pas se passer du peuple » ; nous répondrons que c'est le peuple qui ne peut pas se passer du christianisme et de la vérité, car tous les hommes sont faits pour la vérité. Il y en a trop de nos jours qui ne voient, dans l'effort du christianisme social, qu'une manœuvre de tactique opportuniste destinée à reconquérir la confiance du peuple en flattant ses passions et en le servant suivant ses goûts; ils se trompent; le christianisme social ne pratique pas la surenchère; il obéit à un devoir strict, le devoir de justice sociale, sans l'accomplissement duquel il n'y a pas de christianisme. Si l'Église chrétienne avait toujours été fidèle à son principe, si elle n'avait jamais pactisé avec l'injustice, si elle avait été aussi ardente à lutter contre les causes sociales de la misère et du vice que contre leur manifestation individuelle, il n'y aurait pas aujourd'hui de socialistes athées. Ce ne sont pas les chrétiens d'aujourd'hui qui copient les socialistes, ce sont ces derniers qui ont repris la partie du programme chrétien négligée et oubliée par ceux qui auraient dû travailler à sa réalisation. Il s'agit de savoir si les représentants de l'Évangile vont laisser les ennemis de leur foi réaliser à leur place la moitié du programme chrétien. Le peuple et le christianisme sont deux puissances qui, privées de contact, demeurent l'une sans frein et l'autre sans fruit, et quand on dit à l'ouvrier qu'il peut se passer du Fils du charpentier, on le trompe. Christ et peuple! que ce soit là la devise tout au moins de l'ouvrier de Mazamet.

Ces réflexions sur la question sociale m'ont quelque peu éloigné des vulgaires incidents d'une élection à Mazamet; il est vrai que la question sociale est l'essence même de la politique, mais il serait absurde de vouloir inféoder une école sociale à telle ou telle forme de gouvernement; il y a des monarchies protestantes (Angleterre, Hollande) qui ont toutes les libertés d'une république, et des républiques catholiques (inutile de les désigner plus clairement) qui ont toutes les servitudes d'une monarchie; inutile d'en chercher bien loin la cause : celles-là ont la Bible et celles-ci ne l'ont point; et je voudrais, pour ma bien-aimée patrie, la France, qu'elle fût dans les premières : en premier lieu, elle connaîtrait *la religion* par excellence, et n'aurait plus ces préventions injustes qui, aujourd'hui, lui font haïr le christianisme d'un seul bloc; en second lieu, elle apprendrait à penser librement et à respecter toutes les croyances, car, vrai, ce n'est pas la peine de secouer le joug de Rome pour prendre celui des Charbonnel et des Téry; vraiment, quand on songe à l'abîme vers lequel roulent quelques-uns, quand on contemple l'œuvre de ruine des *jeunesses laïques* et des *universités populaires*, qui détruisent, dans le cœur de ceux qu'elles atteignent, tout sentiment de bonté, de justice, de foi, de bonnes mœurs, de patriotisme et de courage; quand on voit se répandre des brochures semi-officielles comme l'*Immoralité du mariage* et la *Peste religieuse* que j'ai lues attentivement d'un bout à l'autre, on se demande comment pourra se sauver une nation qui semble n'avoir aucun frein, aucune morale, aucun respect.

*
* *

Eugénie qui, pendant tout l'hiver, s'était mise en rapport avec notre pasteur de l'Oratoire, avait été reçue dans l'Église, le dimanche des Rameaux, à cinq heures; peu de jours auparavant, autorisé par mes parents, j'avais fait ma demande en mariage aux Sévérac, et j'avais été agréé; les assentiments paternels avaient été, de côté et d'autre, assez facilement obtenus; mes parents estimaient avec raison qu'il valait mieux pour moi épouser une jeune fille réservée plutôt qu'une de ces intrigantes qui se produisent partout, et une jeune fille sans le sou, mais rangée, plutôt qu'une demoiselle toujours portée aux dépenses; les parents Sévérac agréèrent de suite ma demande, me faisant l'honneur, paraît-il, de me ranger dans la catégorie des ouvriers sobres, honnêtes et laborieux; en outre, comme j'étais un grand liseur, je passais, à leurs yeux, pour un savant, et cela fortifiait mon prestige; la mère elle-même, de qui j'attendais le plus de difficultés, déclara qu'elle consentirait bien à marier ses enfants à des protestants parce que, au moins, *nous nous tenions entre nous*.

Considéré dès lors comme fiancé, je pus accompagner ma fiancée au temple, le jour de son abjuration; j'y fus même le seul témoin, avec ma sœur Berthe et quelques jeunes filles de l'Union; les paroles de la *liturgie* étaient vraiment belles, je ne les avais encore jamais entendues :

« Ma sœur, l'acte que vous accomplissez à cette heure est un des plus sérieux et des plus solennels de votre vie. Dieu vous y a conduite par des voies où vous avez reconnu toute sa miséricorde. Élevée dans une Église infidèle aux enseignements de l'Évangile, vous êtes arrivée par sa grâce à la connaissance de la vérité qui sauve. Vous avez reconnu que Jésus-Christ est le seul Sauveur, le seul Intercesseur, le seul Roi des âmes, vous avez cru en Lui, vous voulez le suivre, et c'est pour le servir dans la liberté de la foi et de l'amour chrétien que vous entrez aujourd'hui dans une Église dont il est l'unique Chef et qui ne connaît d'autre loi que son Évangile.

« ... Sentez bien toute l'importance et toute la force des engagements que vous venez de prendre ici... Celui-là seul qui persévérera jusqu'à la fin sera sauvé... »

La cérémonie terminée, je l'accompagnai chez elle tout émue et je l'embrassai ; je lui remis, en souvenir de cette journée, un exemplaire du Recueil de Psaumes et Cantiques usité dans nos Églises, et j'admirai combien la miséricorde de Dieu était grande de nous avoir appelés, du sein des erreurs différentes où nous étions nés l'un et l'autre, à se rencontrer dans une seule et même Église chrétienne, dépositaire dans notre ville de la fidélité et de la pureté évangéliques.

La date de mon mariage ne put être fixée qu'après une correspondance échangée avec Philippe ; je voulais absolument qu'il y assistât et me servît de garçon d'honneur, et je dus lui demander la date exacte de la permission qu'il espérait pour l'été avant de rien décider ; d'un autre côté, le frère d'Eugénie, Léon Sévérac, chassé de Mazamet par le marasme du délainage, travaillait alors à Graulhet ; nous lui écrivîmes qu'il ait à venir à la prochaine quinzaine pour tout fixer à la convenance de chacun.

Mon mariage eut lieu un jeudi du mois de juin

(1903) par un beau soleil d'été ; le pasteur de l'Oratoire sut, avec son tact et son éloquence habituels, rendre touchante une cérémonie à laquelle trop souvent les invités ne prêtent aucune attention ; le cortège, composé d'une cinquantaine de parents et d'amis, se promena dans les prairies verdoyantes de Bertalaï jusqu'au moment où le repas traditionnel le rassembla dans la salle habituelle ; j'avais suffisamment bien fait les choses et chacun parut satisfait, en se retirant, du menu de *La Raynado,* la cuisinière obligée des noces et festins de chez nous.

Mes parents donnèrent congé aux locataires qui occupaient le premier étage de la maison paternelle de la rue du Théron et je m'installai à leur place.

*
* *

Si, depuis son départ de la caserne jusqu'à son mariage, le jeune ouvrier a pu réaliser quelques économies, s'il est surtout intelligent et habile, les premières années de son mariage seront heureuses, mais plus tard, avec l'arrivée des enfants, les choses peuvent changer ; il faut restreindre les dépenses, c'est vrai, mais tant d'autres en passent par là ! Du travail, de la santé, des principes, et on peut élever ses petits, si l'on est un brave homme et une ouvrière sage et économe ; si l'on ne devient pas riche, on peut du moins joindre les deux bouts ; c'est là le rêve de tout jeune ménage, mais combien ce rêve est loin de la réalité ! *Elle,* c'est souvent celle qui a refusé un prétendant s'il est laid, mal bâti, timide et gauche, pour prendre un beau gars, bien découplé, hardi, galant avec les filles, mais mangeant et buvant toute sa paye; *lui*, c'est celui dont j'ai rencontré trop d'échantillons dans ma vie, il vaut mieux n'en pas parler.

Je savais que je serais bien secondé par ma femme et, prenant confiance en Dieu, j'avais l'assurance que tout marcherait bien.

Je pris d'abord la résolution de n'abandonner en rien l'*Association,* persuadé que si elle m'était moins indispensable qu'autrefois, j'avais néanmoins toujours grand profit à en retirer, et que j'avais maintenant une dette à payer, une tâche à remplir auprès de mes compagnons plus jeunes; elle offrait, en outre, d'utiles institutions dont j'aurais été ridicule autant que maladroit de ne pas profiter : le *Secrétariat du peuple,* pour toutes sortes de consultations et renseignements; la *Coopérative,* qui me fournissait des marchandises de premières marques à un prix de beaucoup inférieur à celui des épiceries de la ville; j'avais déjà usé de la *Jeunesse prévoyante* et de ses diverses caisses, mais je compris davantage combien l'épargne qu'elle facilitait devait être précieuse à l'ouvrier : en plaçant à quatre pour cent un franc au commencement de chaque année, on a vingt francs au bout de quinze ans, trente francs au bout de vingt ans, soixante francs au bout de trente ans; dans ma situation, au début de mon mariage, je pouvais certainement économiser deux cents francs par an, ce qui produisait quatre mille francs après quinze ans, douze mille francs après trente ans, c'est-à-dire près de cinq cents francs de rente perpétuelle.

Le bon ouvrier doit porter toute sa quinzaine à la maison et éviter de travailler pendant le dimanche, qu'il doit consacrer à sa famille; beaucoup ne comprennent pas qu'il est essentiel de ne pas perdre les dimanches au café pour sauvegarder la vie de famille si compromise de nos jours. Le travailleur part ordinairement de chez lui dès les premières heures du jour pour les champs, l'atelier, le magasin. Ses proches ne sont pas encore tous sur pied, surtout les plus jeunes, et si, le soir comme à midi, il ne rentre guère que pour prendre ses repas, sortir encore et dormir ensuite, ne deviendra-t-il pas un étranger pour les siens? Le dimanche est dès lors indispensable pour rapprocher les enfants des parents et les parents des enfants.

Le bon ouvrier doit aussi être un bon chrétien, ne manquant pas le culte du dimanche, présidant lui-même son culte de famille tous les soirs, suivant et développant l'instruction religieuse de ses enfants; dès mon mariage, je pris l'habitude de me tenir au courant des faits de l'Église en m'abonnant à certains journaux : *Foi et Vie*, que je recevais depuis longtemps, *le Christianisme au vingtième siècle* et la *Voix de la Montagne*, et d'aider, en leur réservant quelque argent malgré mon modeste budget, les œuvres chrétiennes : l'*Église* d'abord, puisque la nôtre ne dépendait que des fidèles (il est grand temps que l'État comprenne enfin qu'il devrait en être ainsi partout); la *Société Centrale d'Évangélisation*, que j'avais admirée à l'œuvre pendant mes voyages; la *Société des Missions* et bien d'autres. Un ouvrier peut toujours donner quelque chose, quoi qu'on en dise. Je réservai aussi mes meilleurs soins à l'entretien et à l'amélioration de mon logement, regrettant que tant d'ouvriers le négligent jusqu'à le rendre presque repoussant. A Paris et dans les villes du Nord, j'avais été témoin du soin que certains prenaient de leur appartement; à cela, on reconnaissait le bon ouvrier, et les sociétés des habitations ouvrières, en aidant à ces bonnes habitudes, rendaient de réels services. J'avais vu à Fives une cave creusée par un propriétaire qui ne disposait que de ses dimanches; à Clichy, près Paris, un autre avait transformé, pendant ses moments perdus, son grenier en chambre à coucher.

Une autre préoccupation qui me tenait à cœur, mais celle-là n'était qu'en prévision de l'avenir, était l'éducation des enfants; on ne sait plus guère aujourd'hui si c'est aux enfants ou aux parents à obéir; tout ce que les premiers demandent, exigent, les parents se mettent en quatre pour le leur accorder; même si c'est un désir extravagant qu'il faut satisfaire, les parents s'exécutent de suite, quittes à leur flanquer en même temps, s'ils ont été trop insupportables, une gifle dont ils sont les premiers à rire. Non, je comptais bien aimer mes enfants, mais pour leur bien et non pour le plaisir de les gâter; il me tardait même beaucoup d'être père, pour voir plus tard ces petits êtres courir m'embrasser, à ma rentrée du travail. Oh! ces baisers d'enfants, l'étreinte de ces petits bras potelés, dans lesquels il semble qu'on retrouve un peu de soi-même.

Mon vœu fut exaucé et, au mois de mars suivant, ma femme mit au monde une fillette, Anne-Marie, dont mes parents furent les parrains. Cet événement joyeux coïncida avec le retour définitif de Philippe qui avait achevé ses cinq ans de mécanicien de la flotte. Estimé de ses chefs pour sa bonne conduite et sa sobriété, aimé de ses camarades pour son humeur égale et sa franchise, il était, à vingt-cinq ans, un beau et robuste garçon, à la voix chaude et sympathique; deux yeux noirs, vifs et intelligents éclairaient sa mâle figure couronnée d'une forêt de cheveux bruns bouclés; une fine moustache brune, finement relevée, lui aurait donné un air martial et même un peu raide si un bon sourire n'eût adouci sa physionomie.

Depuis longtemps déjà, comme on sait, il m'avait confié combien ma sœur lui agréait; le jour de mon mariage, il était avec elle, et son inclination n'avait fait que s'affermir; revenu maintenant pour toujours, il pouvait sérieusement songer à ses projets d'avenir et, peu après son arrivée, il s'était risqué, tremblant et confus de son audace, à s'en ouvrir à Berthe. Au lieu de détourner la conversation, comme elle avait l'habitude de le faire en pareil cas, celle-ci avait rougi et, d'une voix grave, elle avait répondu :

« Philippe, je sais que vous êtes un garçon sobre et travailleur; je suis persuadée que votre femme sera heureuse; votre demande me flatte, je désire y réfléchir; dimanche prochain, venez voir ma mère et elle vous donnera une réponse. »

C'était en somme, de la part de ma sœur, une acceptation déguisée; mes parents accueillirent bien cette demande, ma sœur en fut ravie, et moi encore plus, si possible; il ne restait plus qu'à fixer la date, ce fut pour le mois de mai, et dès lors Mazamet compta un ménage chrétien de plus.

Philippe, fort au courant des questions religieuses et ecclésiastiques, avait, dès le début de ses fiançailles, demandé que son mariage fût célébré à l'Oratoire; personne ne fit d'objection à un désir aussi légitime; il était tout naturel que nous fussions tous, dans la famille, de la même Église; mes parents eux-mêmes finissaient par se rallier peu à peu à l'Évangile, et n'avaient plus pour le *local* les préventions aveuglées d'autrefois; ils avaient été témoins des bienfaits que l'Évangile peut apporter, puisqu'il avait changé un cœur aussi mauvais que le mien, et il s'accomplissait en eux un vrai travail religieux dont je rendais grâces à Dieu, et que je secondais aussi respectueusement que possible.

*
* *

Un jeune homme qui se meurt, c'est poignant, n'est-ce pas? cela fait froid dans toute l'âme. Fleurs coupées qui n'étiez pas encore épanouies, épis glanés qui n'étiez pas mûrs encore, herbes arrachées qui n'aviez pas eu le temps de jaunir, choses de la nature qui ne vécûtes pas votre vie, je ne vous évoque pas pour faire de la stérile poésie, mais je ne sais comment vous apparaissez sous ma plume, liées intimement à la pensée des jeunes qui sont morts ou qui vont mourir.

Le guide de mes premiers pas dans la vie chrétienne, celui qui m'avait montré avec amour la croix du salut, M. François Schlumberger, va bientôt mourir, en sa trente-deuxième année; après une vie de travail incessant, toute consacrée à la gloire de son Maître, il est cloué sur un lit dont il ne se lèvera que pour aller au tombeau: une imprudence, un froid, une pleurésie, deux mois de souffrances, en voilà assez pour anéantir un jeune homme vigoureux, dans la force de l'âge.

Quand j'allai le voir, il me sourit affectueusement:

— « Mon cher ami, je suis heureux de votre visite, me dit-il d'une voix très faible et très lente, — oh! oui, très heureux. Cher Élie, je ne vais pas bien; tout sera bientôt fini, c'est une affaire de quelques jours. »

C'était la première fois qu'il m'appelait par mon petit nom; il continua:

— « Approchez-vous de moi, là, tout près, nous avons à causer. »

Puis, brusquement:

— « M'aimez-vous?

— Oh! j'ai pour vous la plus profonde affection, répondis-je.

— Eh bien, Élie, je vous aime bien aussi, moi, je vous aime d'autant plus que j'ai assisté à votre conversion, je vous ai vu lutter avec le péché pour en triompher. Vous vivrez longtemps, vous serez heureux avec votre femme et vos enfants, mais vous aurez aussi d'autres joies, les joies de ceux qui se dévouent. Se dévouer! sentez-vous l'immense portée et l'immense beauté de ce mot-là, se dévouer: c'est vivre pour Dieu et en Dieu. »

Il retomba épuisé et se tut un instant; il reprit bientôt:

— « Je viens de parler trop longtemps pour un malade, et la fatigue m'épuise, mais j'ai tant de choses à vous dire. »

Il me fit alors plusieurs recommandations touchant l'œuvre qui avait pris toute sa vie; il était le seul de la classe dite dirigeante qui s'occupât de nous autres ouvriers, et, lui parti, il prévoyait bien que la tâche tout entière reposerait sur nos faibles épaules; il voulait mourir debout, à la tâche, comme un vaillant soldat de Jésus-Christ qu'il avait été toute sa vie; il me fit plusieurs recommandations, concernant des brochures à terminer ou à publier, il me chargea de suprêmes messages auprès de camarades indifférents et rebelles; je profitai de sa confiance pour lui demander s'il agréerait nos soins pour la nuit, lui assurant que nous étions quelques-uns qui nous ferions un triste plaisir, en même temps qu'un devoir, de le veiller à tour de rôle; il accepta ce dernier témoignage de notre attachement qui parut lui être très sensible; j'en informai aussitôt Philippe, Puech Albert, Sire, Estrabaut et plusieurs autres, et nous eûmes ainsi l'occasion de recevoir des encouragements et des impressions ineffaçables de ces derniers rayons d'un grand cœur.

Pour moi, j'avais peine à croire à la réalité d'un semblable déchirement. Quand une question m'embarrassait, quand ma route devenait obscure, j'allais à lui en toute confiance, lui faisant part de mes misères, de mes doutes ou de mes tentations; il me recevait toujours avec joie; je lui avais souvent dit combien j'étais petit et faible pour lui être de quelque utilité, mais que ma vie était à lui et que si je pouvais quelque chose pour lui, je ferais tout de bon cœur; maintenant qu'il allait mourir, en pleine jeunesse, en pleine santé, en plein bonheur, car il allait sous peu épouser une jeune fille de la ville qui serait devenue sa véritable collaboratrice, je voyais combien une foi vivante et profonde est préférable à tous les biens de la terre; je m'apercevais combien les liens qui m'unissaient à lui étaient solides, moi qui n'aurais jamais cru, et le monde encore moins que moi, qu'un fils de patron et un ouvrier pussent être liés d'une aussi grande intimité, malgré les différences d'éducation et les préjugés courants; il avait certes beaucoup plus fait pour l'avancement de la question sociale que tous les discours sanguinaires de démocrates trop peu convaincus.

Nous eûmes le malheur de le perdre après de longues souffrances; ses parents étaient venus d'Alsace et l'avaient assisté dans ses derniers moments, mais il nous réclama, nous aussi, voulant nous voir jusqu'au bout; ses obsèques furent tout simplement splendides; je crois que toute la ville y assistait, et, malgré des préjugés tenaces, la jeunesse de l'*Association* entonna, sur le bord de la tombe, un de ces beaux cantiques d'espérance et de foi.

Oh! joyeuse et sainte espérance
Pour ceux qui s'aiment en Jésus,
Nous nous verrons en sa présence
Quand la mort, le deuil ne seront plus.

J'entends encore l'émouvant adieu prononcé devant tous par notre vice-président :

« Oh! cher président, c'est du fond du cœur que nous te bénissons et que nous te pleurons. Cher frère aîné, chéri, respecté, nous avons quelque droit à mêler nos larmes à celles de ta famille, nous qui faisons partie de cette famille agrandie, de cette famille selon l'Esprit, que Dieu t'avait donnée comme salaire de ton travail; et si tous ceux qui tiennent à toi par quelque lien spirituel n'ont pu se rencontrer aujourd'hui pour cette triste cérémonie, les uns t'ont précédé, les autres te suivront, mais tous se retrouveront dans ces parvis éternels où tu reposes maintenant et dont tu nous a montré le chemin.

« Amis, courage, confiance! En haut les cœurs! En pleurant avec ceux qui pleurent, sachons nous réjouir avec celui qui est dans la joie, car il est arrivé. »

Ces belles paroles émurent profondément l'assistance; tout fut digne et simple jusqu'au bout, dans l'existence terrestre de celui qui, comme dernier témoignage de son humilité, proscrivit les fleurs et couronnes de son cercueil et demanda d'être inhumé, non dans le princier caveau de ses ancêtres, là-bas à Mulhouse, mais ici même, dans le terrain communal réservé aux pauvres gens dans le cimetière de la ville qu'il avait comblée de ses bienfaits.

Ce malheur, le premier qui me fût vraiment sensible, ne fut pas le seul que je dusse accepter de la main de Dieu ; peu après, un autre devait me briser le cœur.

Ma petite fille, arrivée à l'âge de dix mois en bonne santé, fut atteinte brusquement d'un mal implacable : une bronchite s'était déclarée en janvier, et là, dans son berceau, elle souffrait horriblement de la maladie dont elle devait périr ; depuis douze jours qu'elle était ainsi, ni ma femme ni moi ne dormions, mangeant à peine, tout juste pour soutenir nos forces ; toutes mes nuits, je les passais au chevet de ma petite Marie, la soignant, la dorlotant, aussi bien que sa mère pourtant incommodée par une nouvelle grossesse ; et cela me brisait, moi que tant d'aventures et de misères avaient pourtant si cruellement endurci.

Parfois je prenais une des petites mains, et, sur mon index d'homme offert en perchoir, les doigts minuscules se contractaient et s'y cramponnaient ; je restais haletant, l'œil inquiet, penché sur le visage de la pauvre mignonne, dont chaque accès de toux me résonnait dans le cœur, et si je m'écartais un peu pour aller à la fenêtre, soulever un coin du rideau pour guetter le jour naissant sur les toits rouges et la rivière, j'entendais encore le sifflement de la respiration de mon enfant, le râle de sa gorge oppressée par le mal qui la tuait. Ah ! que de fois je me suis élancé jusqu'au berceau pour écouter cette toux pénible, les sifflements et les râles de ce pauvre petit corps !... L'accès passé, je laissais tomber ma tête sur l'oreiller, tout près de la tête chérie, aux yeux tristes ; dans ces moments, on aurait dit que la pauvre petite comprenait ma peine ; elle retirait ses bras rosés des langes et les tendait vers moi comme pour m'embrasser... Oh ! ces caresses du cher bébé, elles me font souffrir en y pensant, car elles allaient cesser ; le médecin n'espérait plus qu'en un miracle ; chaque jour, le petit enfant s'affaiblissait, ne hurlant plus, tournant vers nous ses yeux vagues de petit être sans pensée.

Le jour vint où Dieu nous la reprit : nous nous courbâmes en silence sous ses desseins ; nous suivîmes ce pauvre petit corps dans son léger cercueil jusqu'au cimetière, par un triste jour d'hiver, gris et blafard, balayé d'un grand vent qui faisait tournoyer les feuilles mortes des grands platanes du Champ de la Ville ; puis nous revînmes tous deux, serrés l'un contre l'autre, dans notre triste logis qui nous parut un désert.

La semaine d'après, l'Église m'offrit de remplir les fonctions de diacre pour mon quartier ; j'acceptai, ému de l'honneur qui m'était fait, heureux de pouvoir rendre quelque léger service à l'Église qui m'avait fait tant de bien ; je fus aussi, au même moment, élevé à la dignité de chef de l'atelier d'ajustage où je travaillais, ayant désormais, avec une grande responsabilité, le commandement et la direction de mes anciens camarades de travail. Mais je dus, sur ces entrefaites, payer un nouveau tribut à la patrie, et, après une interruption de deux ans et demi, il me fallut de nouveau goûter à la vie militaire et accomplir ma première période de réserviste.

Je n'eus pas à revenir à Lyon ; on avait eu le soin de verser tous les cavaliers de la région, cuirassiers et dragons, au régiment du génie qui se trouve en garnison à Montpellier ; je repris donc le chemin de cette ville que j'avais habitée tout jeune ; j'étais plein de tristes pensées, pensant aux deuils qui m'avaient atteint, et je n'avais pas envie de mêler ma voix à celles de mes compagnons d'infortune qui hurlèrent tout le temps du trajet le refrain célèbre :

Vingt-huit jours sans voir sa belle-mère,
Vive, ma foi, le service militaire !

Je fus cantonné à la *Citadelle,* belle construction sur l'Esplanade, et je dus non seulement recommencer à monter à cheval, mais apprendre encore à *bricoler* et à faire tout un service nouveau concernant notre nouvelle arme, auquel nos trois ans d'exercices ne nous avaient nullement préparés.

Je rentrai heureusement assez tôt pour assister en avril à la naissance de mon second enfant, un garçon, que j'appelai Philippe-François, en souvenir de mes deux amis, l'ouvrier et le patron, unis dans mon cœur par la reconnaissance que je leur devais à tous deux ; les jeunes mariés, Philippe et Berthe, furent les parrains de cet enfant, âgé à cette heure de quelques mois à peine, et que j'espère, avec l'aide de Dieu, élever dans les bons principes qui m'ont guidé et soutenu.

Ce dernier événement est le plus récent que je puisse consigner ici ; je dois donc finir en adressant encore quelques mots à ceux qui m'ont lu jusqu'au bout.

Un empereur chinois a dit que pour chaque homme qui ne travaille pas, il y a dans le monde quelqu'un qui souffre du froid ou de la faim.

Tout homme est appelé au travail : le souverain sur son trône aussi bien que l'humble mineur courbé dans les entrailles de la terre ; les uns se fatiguent dans le silence du cabinet, les autres dans les chantiers et les usines ; il en est dont toute l'activité se résume dans la souffrance. Après le repos de la nuit, d'autres attendent chaque matin une lutte nouvelle ; les fabriques, les ateliers, les chantiers des grandes villes, les chemins de fer occupent des millions d'ouvriers ; la mer avec ses navires, les États avec leurs armées en occupent aussi des millions ; le travail est bien la loi universelle ; il est souvent pénible, douloureux, accablant, mais il est toujours passionnant, tandis que l'oisiveté n'a rien d'enviable ; il est aussi noble que digne d'admiration : ce n'est pas seulement dans les combats retentissants et dans des marches acharnées qu'il faut chercher l'héroïsme, mais dans toutes les constructions qui s'élèvent aujourd'hui ; sur les trains, sur les vaisseaux, aux chantiers, aux usines, le courage répond tous les jours à l'appel.

Si l'ouvrier a le travail pour parvenir, il doit aussi être énergique. Si misérable qu'on soit au commencement de la vie, on peut toujours arriver à l'aisance et à la considération avec une forte volonté, l'amour de l'instruction, une application constante au travail, et surtout avec l'honnêteté et la régularité des mœurs, qui attirent la sympathie et commandent l'estime. Un Anglais, Buxton, a dit : « Plus je vis et plus j'acquiers la certitude que la grande différence entre les hommes faibles ou puissants, grands ou petits, c'est l'*énergie,* c'est-à-dire une résolution bien arrêtée, une détermination invincible, et puis... la mort ou la victoire ! Avec cette qualité, on accomplira tout ce qu'il est possible d'accomplir dans ce monde, mais sans elle, il n'y a ni talents, ni position, ni occasions favorables qui puissent faire un *homme* de la créature à deux pattes que nous sommes. »

A l'énergie, il faut joindre la foi en Dieu ; le protestantisme pourrait beaucoup faire dans notre patrie, s'il prenait à cœur sa mission ; nos populations protestantes, il est vrai, sont généralement les plus instruites, les plus morales, les plus laborieuses et les plus tranquilles, mais nous ne devons pas oublier que le protestantisme n'est qu'une faible minorité et que, par conséquent, il ne doit pas cesser d'aspirer à être une élite ; or, combien sommes-nous, à l'heure actuelle, de jeunes ouvriers français qui pensions comme moi, suivant les idées que j'ai exprimées dans ce livre ? Une centaine peut-être et encore ! Que ne sommes-nous plus nombreux ! Voyez les ouvriers sortant de l'usine en rangs pressés, on ne dira jamais assez combien cette population est intéressante ; il y a là des hommes d'une habileté de main consommée, de bons pères de famille, des hommes de devoir et de dévouement, de bons citoyens ; mais il reste encore trop d'ignorants, trop de victimes de l'alcoolisme et des passions politiques et sociales, et on est attristé en contemplant les effets de ce triple mal; combien qui se laissent entraîner par des déclamateurs sophistes et intéressés; de là des écarts regrettables, des revendications outrancières, des grèves souvent déclarées à la légère et produisant des conséquences déplorables. Combien en avons-nous laissés passer devant la porte de notre *Association* où ils n'osent frapper, de ces jeunes gens qui ont le droit de compter sur nous? Ah! nous voulons ardemment l'instruction patiente des ouvriers, l'amélioration de leur existence et de leur bien-être; partout où ils sont, allons au-devant d'eux, prenons-les en quelque sorte par la main et, aux jours où nous nous assemblons, conduisons-les au milieu de nous; à l'air de nos visages, aux choses dont nous parlerons, ils reconnaîtront quelles sont notre foi et notre espérance, et nous serons leurs amis avant même qu'ils n'aient su le Maître dont nous nous réclamons.

Ouvriers, apprentis, soldats, foule immense des pauvres, des petits et des faibles, qui pourra contempler votre abandon et vos souffrances sans avoir pitié de vous? Celui qui est venu sur la terre pour vous annoncer l'Évangile peut seul compatir à votre indigence et seul aussi la soulager; c'est Lui qui envoie les vignerons à la vigne et les moissonneurs à la moisson; c'est Lui qui va chercher sur les places publiques les ouvriers de la onzième heure, comme ceux de la première, et qui donne à tous la même récompense. Priez-le, troupeau sans pasteur, d'envoyer vers vous les messagers de la bonne nouvelle et d'égaler leur nombre à l'étendue de votre misère!

J'ai essayé, en écrivant ce livre, de payer ma dette envers vous, jeunes ouvriers mes frères, dans la pensée de vous être utile. Puissiez-vous, en le lisant, sentir qu'il a été écrit par quelqu'un qui est des vôtres, qui vous aime, qui veut votre bien comme un frère aîné et qui sera heureux de se voir payer en retour par votre confiance ! En vérité, je ne suis pas un grand de la terre, mais de quoi me plaindrai-je et qui puis-je estimer plus heureux que moi ? Il s'agit, dans ma vie, vous avez pu vous en rendre compte, d'une existence banale, sans imprévu d'aucune sorte ; l'idéal, d'ailleurs, n'a-t-il pas son charme même dans les conditions inférieures de la vie ? J'ai eu à surmonter bien des difficultés et même à déplorer plus d'un égarement, mais au milieu même de ces vicissitudes « la bonté et la miséricorde de Dieu m'ont accompagné ». Cela m'a été une grande bénédiction que d'avoir des parents et des amis bons, fidèles, pieux, aimables et dévoués, mais la plus grande de toutes les bénédictions et le plus glorieux de tous les privilèges, c'est incontestablement d'être un vrai disciple de Jésus-Christ. Puissé-je, pendant le temps qui me reste à vivre, n'être ni oisif ni inutile ! Puissé-je conquérir à mon Dieu au moins une âme, toucher ou convaincre un seul cœur ! Puis, quand sonnera l'heure du grand départ, puissé-je partir en paix, pensant à la colline du Calvaire et au Sauveur du monde qui y fut crucifié entre deux brigands !

www.ingramcontent.com/pod-product-compliance
Ingram Content Group UK Ltd.
Pitfield, Milton Keynes, MK11 3LW, UK
UKHW021127220726
13924UKWH00004B/1952